독일 교육 두 번째 이야기

꼴찌도 행복한 교실

독일 교육 이야기

두 번째

박성숙(무터킨더) 지음

21세기북스

독일 교육에서 찾은
한국 교육의 미래

길다면 길고 짧다면 짧을 수도 있는 시간이었다. 한국 교육이 변하기를 간절히 소원하며 두 아이를 통해 경험한 '독일 교육 이야기'를 시작한 지 10여 년이 가까워온다.

10년이면 강산이 변한다고 했던가, 그동안 독일 교육에도 적지 않은 변화가 있었다. 오전 수업만 하던 중등학교가 종일반을 도입했고, 학교별 아비투어가 중앙 집중식으로 바뀌기도 했다. 학제도 초중고가 13년에서 12년으로 감소했다. 이 모두가 교육의 경쟁력 제고라는 이름하에 시도된 제도 개혁들이었다.

전통적인 13년제 초중고 과정을 12년으로 축소한 가장 결정적인 이유는 'PISA 쇼크'로 불리는 국제학업성취도평가PISA 결과였다. 선진국 중

최하위권이라는 성적표를 받아 들고 독일 교육 제도는 경쟁력을 상실한 교육이라는 비판을 피할 수 없게 되었다. 같은 학년이라도 12년제 국가들의 학생과 학습 진도 면에서 차이가 생겨 국제 비교시험에서 실력이 더 낮게 평가될 수밖에 없다며 학제를 줄여야 한다는 것이다. 그리고 그 의견은 힘을 얻어 본격적인 개편이 시작되기에 이르렀다.

그렇다면 과연 교육 현장은 얼마나 달라졌을까? 이 사회의 교육 개혁도 한국과 마찬가지다. 위에서 내려오는 개혁과 법적인 제재가 명문 대학을 향해 질주하는 한국 학생과 학부모 들에게 전혀 영향을 미치지 못하듯, 독일 정부도 국가의 위신을 세우기 위해 약간의 경쟁력을 불어넣으려고 했다. 하지만 교직 사회와 학생, 학부모 들이 지닌 교육에 대한 기본적인 생각들을 바꾸기는 쉽지 않은 모양이다. 독일 학교의 현장은 10년 전이나 지금이나 별반 달라지지 않았다.

여전히 학교 선생님들은 아이들로 하여금 경쟁을 경멸하게 하고 함께 하는 학습을 가장 가치 있는 공부라고 가르친다. 우리 아이 반에서 제일 존중받는 친구는 여전히 공부 잘하는 학생이 아니라 남을 먼저 생각하고 자신을 희생할 줄 아는 사회적인 사람이다. 외향적인 변화와는 달리 독일 교육이 근본적으로 지향하는 바는 변하지 않은 것 같다.

뿐만 아니라 최근엔 독일의 학제가 12년제에서 13년제로 다시 되돌아가고 있다. 교육 경쟁력 제고를 명목으로 지난 10년간 추진돼온 교육 개혁이 회귀하고 있는 것이다. 개혁의 효과인지 최근 독일 학생들은 국제학업성취도평가에서 만족할 만한 결과를 받았고 이로 인해 교육 개혁에 대한 긍정적인 평가가 나오기도 했다. 그럼에도 13년제로의 회귀가 시작된 것은 학업에 대한 스트레스가 증가했고 학생의 여가 활동시간이 부족해졌다는 것이 중요한 이유다. 이들에게 교육의 경쟁력보다 중요한 가치는 삶의 질이었던 것이다.

10여 년 전 독일 교육 이야기를 쓰기 시작할 때만 해도 공허한 메아리로 끝날지도 모른다는 생각을 했었다. 그러나 블로그나 언론에 글을 발표할 때마다 처음의 우려와는 달리 교육 전문가와 학부모들로부터 강렬한 피드백이 왔다. 역시 한국 사회가 간절히 원하는 교육도 내가 생각하는 그것과 다르지 않았다. 그러나 적극적인 지원군이 되어준 선생님들이 많았던 만큼 '한국 교육에 대한 이해가 부족하다', '해답 없는 이상론이다' 등 비판의 목소리도 적지 않았다.

물론 책을 통해 큰 부나 명예를 기대한 것은 아니기에 적극적인 관심이든 비판이든 그 무엇에도 휩쓸리지 않고 담담히 지켜볼 수 있었다. 그러나 어떤 회오리 속에서도 독일 교육은 지금의 한국 교육이 나아가야 할 지표가 될 수 있다는 생각은 바뀌지 않았다.

독일 교육도 당연히 문제는 많다. 그러나 설사 독일 교육을 비판하는 독일인이 이 나라 교육 개혁의 모델은 한국에 있다고 단정 지어도 내 생각은 흔들림 없을 것이다. 한국과 독일을 떠나서 미래의 학교는 경쟁이 아닌 윤리와 도덕과 사회성을 키우는 교육이 지배하게 될 것이라고 믿기 때문이다.

이 책은 전작인 『꼴찌도 행복한 교실』의 연장선상에서 정리했다. 블로그나 언론에 발표했던 글들에 첨삭을 가했고, 『꼴찌도 행복한 교실』이 지극히 개인적인 경험을 위주로 풀어나갔다면 이 책은 사적인 경험과 함께 제도적인 면도 부분적이나마 언급했다. 모쪼록 한국 교육을 걱정하고 바로 세우기 위해 노력하는 분들에게, 또는 오늘의 교육이 너무나 힘겹게 느껴지는 학부모와 학생 들에게 큰 힘은 아닐지라도 약간의 위안이라도 줄 수 있었으면 좋겠다. 세상에는 이런 교육도 있다는 사실이.

PART 2
진정한 성인으로 자라는 아이

PART 3
스스로 선택하는 미래

독일인과 대화할 때마다 이들은

성공이나 명예, 부에 대한 가치 기준이 나와는 많이 다르다는 생각을 했었다.

성공이나 부를 최종적인 목표로 정해두고 달려가는 것이 아니라

행복한 삶을 위해 신나게 일하다 보니

성공도 하고 부자도 되는 것이다.

PART 1

놀는 건 학생의 권리

CHAPTER 1

행복은
성적순이
아니잖아요

- 학생편

노는 건 아이의 권리

화창한 날에는 정원일 하기가 딱 좋다. 날씨 좋은 날은 저녁 식사 후에 습관처럼 잠깐이라도 정원으로 나가 풀을 뽑거나 흙을 고른다.

그날 저녁에도 남편과 집 앞에서 돌무더기를 파내고 있는데 개구쟁이들이 골목으로 몰려 나와 고함을 지르며 뛰어다니고 있었다. 소리 지르는 것도 모자라서 어디서 구했는지 확성기까지 하나씩 들고 동네가 쩌렁쩌렁 울리도록 노래 부르고 춤추고 난리가 아니었다.

우리 동네 아이들은 이렇게 학교가 끝난 오후부터 저녁까지 내내 골목을 장악하고 논다. 40년 전 나 어릴 때 놀던 모습과 비슷하다. 요즘 한국의 도시 골목에서는 보기 어려운 광경일 것 같다.

집에 있어봐야 TV나 보고 컴퓨터 게임이나 하려고 하니 엄마들이 무조건 내보내는 모양이다. 고만고만한 또래가 많다 보니 어울려 다니며 동네가 떠나가도록 고래고래 고함을 지르기도 하고, 그러다가 심심해지면 재미있는 일들을 찾아 이집 저집 기웃거리기도 한다.

그날은 초저녁이었지만 확성기까지 들고 유난히 소리를 지르는 것 같더니 앞집에 사는 여자아이들 엄마가 문밖에 나와 소리 좀 그만 지르라며 아이들에게 몇 마디 했다. 그랬더니 바짝 얼굴을 쳐들고는 바로 말을 받아쳤다.

"왜 여기서 소리 지르면 안 되는데요?"
"너무 시끄러워 정신이 없단 말이야."
"왜 여기서 놀면 안 되는데요?"
"소리 지르려면 저기 너희 집 앞에 가서 놀려무나."
"우리는 길에서 놀 수 있는 자유가 있어요."
"너무 시끄러워서 다른 사람에게 방해되잖아."
"소리 지르는 건 어린이의 권리예요."

아이고, 세상에나. 40대 아줌마와 초등학생의 대화가 너무 수준이 높았다. 그토록 어린 꼬맹이들 입에서 '자유', '권리'라는 말이 어찌 그리 자연스럽게도 나오는지. 삽질하다 말고 남편과 나는 어이가 없어서 허허 웃고 말았다.

앞집 아이 엄마가 어떤 말을 하든 왜 여기서 놀면 안 되냐, 우리는 놀 권리가 있다며 계속 따지고 들었다. 그런데 막상 당하는 어른은 그에 대한 대답이 궁색한 듯 계속 시끄럽다고만 하다가 화를 내며 들어가버렸다.

맹랑한 녀석들, 그런데 맹랑하긴 해도 따지는 모습이 귀여운 구석도 있어 밉지는 않았다. 사실은 아이들이 문제가 아니라 앞집 여자가 지나치게 예민한 것 같기는 했다. 골목에서 뛰어노는 아이들을 못 놀게 하는 것은 누가 봐도 좋지 않게 생각할 수 있는 일이었다.

좀 너무하다 싶은 생각에 앞집 여자에게 약간 실망하고 있는 찰나에 그 녀석들 하는 행동이 더욱 가관이었다. 넷이서 단체로 아예 앞집 현관 앞에 철퍼덕 앉아서 확성기를 대고 고래고래 장단까지 맞춰 소리를 지르기 시작했다. 앞집 여자아이들 엄마와 한번 붙어보자는 기세였다.

넷 중에 한 아이가 약간 겁이 났는지 주춤주춤하자 "야! 너 겁쟁이야? 빨리 앉아!"라며 핀잔까지 했다. 겁쟁이란 소리가 싫었는지 그 아이도 냉큼 자리를 잡고 앉았다. 아이들이 그렇게 한참을 현관에 대고 고성을 질렀지만 앞집 여자는 나오지 않았다. 다시 나왔다가는 망신살이 뻗칠 것을 알고 있기 때문인 것 같았다.

자리를 뜰 생각을 하지 않았던 아이들이 자기 집으로 슬그머니 달아난 건 의외로 내 한 마디 때문이었다. 녀석들 하는 짓이 하도 귀여워서 몇 학년이냐고 물었더니 초등학교 4학년이라고 했다.

"뭐? 초등학교 4학년? 지금 너희들 노는 게 너무 어린아이 같지 않니? 난 1학년인 줄 알았네"라고 하니 갑자기 자존심이 상했는지 장난스런 표정이 싹 사라지며 기분 나쁜 얼굴을 하더니만 슬그머니 일어났다.

아무 뜻 없이 귀여워서 한 소리였는데 뜻밖에도 아이들 자존심을 건드린 모양이었다. 여하튼 덕분에 악동들은 모두 돌아가고 전후의 고요처럼 골목엔 적막이 흘렀다. 갑자기 삽질 소리가 시끄럽게 들릴 정도로 조용했다.

이렇게 독일 아이들은 초등학교만 다녀도 자신의 권리에 대해 아주 잘 알고 있다. 정식으로 교육을 받았기 때문일 수도 있고, 어린이의 놀 권리에 대해서 선생님이나 부모에게 지나가는 말로라도 자주 들었기 때문일 수도 있다. 법이 지켜주지 않는다 하더라도 뛰어다니며 노는 아이들을 제지하거나 억압하려는 어른들이 주변으로부터 얼마나 손가락질을 받는지에 대해서도 아이들은 알고 있다. 그러니 우리 동네 악동들처럼 자신의 놀 권리를 침해하려는 어른에게도 당당히 맞설 수 있는 것이다. 독일에 살 만큼 살았건만 이런 일을 겪을 때면 다시 이 사회가 생소하게 다가오곤 한다.

스펙에 관심 없는 학생과
애타는 교사

큰아이가 인문계 중고등학교인 김나지움Gymnasium에 다닐 때 어느 날이었다. 아이가 그날은 웬일인지 자기 방에서 꼼짝을 않고 책상에 앉아 있는 것 같았다. 시험 기간 중에도 그런 일이 별로 없었기 때문에 좀 이상했다.

'시험 때도 아니고 공부할 리가 없는데?' 신기해서 들어가 기웃거려보니 실로 오랜만에 1차 수학경시대회인 학교 대회 문제를 푸느라고 신경이 날카로워져 있었다.

독일은 1차 경시대회는 숙제 형식으로 집에서 답안지를 작성해 서무과에 제출하고 채점도 담당 과목 선생님이 직접 한다.

그날 아이는 몇 시간 씨름하는 것 같더니 "에이! 정말, 내가 오기로 다 풀었다"라고 투덜거리며 거실로 내려왔다.

"수학경시대회는 관심 없다더니 웬일이야?" 예전부터 수학에 특별한 재능이 있는 아이였기에 은근히 경시대회에 참여해보기를 기대했지만 초등학교와 저학년 때 몇 번 해보더니 관심 없어 했었다.

이유는 경시대회는 무조건 수학만 잘한다고 풀 수 있는 문제를 출제하지 않기 때문이다. 독일 또한 수학경시대회에 나가려면 선행 학습으로 위로 몇 학년까지는 이미 끝낼 정도가 되어야 하는데 우리 아이는 선행 학습을 해본 일이 없으니 당연히 어려울 수밖에 없었다.

그러니 13학년이 되어서 갑자기 경시대회 문제를 푸는 것을 보고 의아할 수밖에 없었다. 자초지종을 듣고 보니 선생님 때문에 울며 겨자 먹기로 참가하게 되었다고 했다. 당시 작은아이 담임이기도 했던 수학 선생님은 몇 해 전에는 큰아이 수학 선생님이기도 했는데, 특별히 경시대회에 관심이 많은 분이었다.

그 전해까지만 해도 큰아이 학년에 수학경시대회만 나가면 상을 타오던 인재가 있었다. 공부는 수학뿐만 아니라 모든 과목을 완벽하게 잘했다. 그러나 사회성이 부족하고 자기밖에 몰랐던 그 아이는 학급에서 왕따였고, 그 때문에 스트레스를 받았던지 그해 전학을 가버렸다.

그 아이에게 같은 반 친구들은 툭하면 놀렸다고 한다. "넌 그렇게 열심히 공부해서 어디다 쓰려고 그래? 대학 가서는 뭐하려고 벌써부터 공부만 하는 거야? 공부 말고도 재미있는 일이 얼마나 많은데…"라고. 다들 수학경시대회에 나갈 실력도 안 되겠지만 별로 부러워하지도 않는 것 같았다.

이 학생은 공부를 그냥 잘하는 정도가 아니라 우리 아이들 학교에서 그 누구도 감히 넘볼 수 없는 수준이었다. 완벽하게 선행 학습을 할 뿐만 아니라 평소에도 하루 종일 공부만 하는, 독일에서는 아주 흔치 않은 학생이었다. 역시 순수한 독일인은 아니고 베트남계 2세였다.

매해 수학경시대회마다 독일 전체에서 1~2위를 다투는, 아헨Aachen에 딱 한 명 있는 인재가 바로 이 아이다. 이 학생이 다른 학교로 가고 나서부터는 우리 아이들 학교의 영광이 그 아이가 전학 간 학교로 돌아가고 말았다고 한다.

경시대회에 관심 많은 작은아이 담임 선생님은 수학 선생님이어서인지 많이 섭섭했던 것 같다. 작은아이 학부모 회의 시간에도 "항상 상을 받아 오던 아이가 전학 간 이후에 우리 학교는 수학경시대회에 관심 있는 학생조차 없다"며 안타까워했었다.

그런데 꿩 대신 닭이라고 그 후 수학 선생님은 우리 큰아이에게 경시대회에 관심 좀 가져보라고 여러 번 불러 이야기했다고 한다. 어르기도하고, 게으르다고 욕도 하면서 설득했지만 이 녀석이 꿈쩍을 않자, 어느 날 작은아이 수업 시간에 작은아이를 붙들고 말했다고 한다. "내가 이번에 너희 형 경시대회 내보낼 수 있을지 없을지 우리 내기할까?"

집에 와서 작은 녀석이 이야기를 전하기에 이게 무슨 소린가 어리둥절했다. 그런데 정말 그 다음날 투덜거리며 큰아이가 시험지를 들고 온 게아닌가. 말로 아무리 타이르고 꼬여도 안 되자 수업 시간에 시험지를 들고 찾아와서 책상에 탁 펼쳐 놓으며 "이래도 안 풀면 넌 인간도 아니야"라며 휙 나가버렸다는 것이다.

큰아이는 시험지를 받아 온 날만 해도 "난 그래도 안할래, 취미 없어"라고 하더니 한 일주일 묵혀두었다가 문제를 들여다보았다. 그런데 무지 어려웠던 모양인지 도리어 갑자기 오기가 나서 풀게 되었다고 한다.

참, 한심한 학생이다. 그런데 우리 아이 친구들도 거의 큰아이와 비슷하다. 공부를 하더라도 자기 좋은 공부만 하지 스펙을 위해 싫은 짓을 하는 아이들은 거의 없다. 이는 물론 일부 학과를 제외하고 스펙이 대학 진학에 크게 작용하지 않는다는 사실이 원인이기도 하다.

그런데 그날 큰아이 이야기를 들으며 나는 뒤돌아서 은근히 회심의 미소를 지었다. '고거 쌤통이다. 덕분에 수학 공부 좀 하게 생겼군.' 한국 엄마에게 공부하는 아들은 역시 최고로 예뻤다.

축구 응원 때문에
학교 수업이 없다니

"엄마 나 오늘 축구 때문에 오후 수업 휴강이야. 빵 두 개 싸지 말고 하나만 싸줘."

"뭐? 축구 때문에 학교가 일찍 끝난다고?"

"몰랐어? 독일 학교 대부분이 다 그래. 우리 학교는 중앙 강당에 빔 프로젝트로 대형 스크린 만들어서 함께 본대."

"맙소사, 정말 웃기는 나라구나? 축구가 그렇게도 중요한 거야?"

"중요하지, 중요하고말고. 그 틈에 공부 안 해도 되잖아."

축구를 좋아하지 않거나 월드컵 열기를 이해하지 못하는 사람은 정말 어처구니없는 일이 한두 가지가 아니다. 분데스리가bundesliga 축구 시즌이 되면 경기가 있는 지역으로 향하는 특별 열차까지 운영하는 나라니 월드컵은 두말하면 잔소리다.

그래도 그렇지 학교까지 쉰다는 건 문제가 있을 법도 한데 나 같은 사람이나 어이없어하지 모두 아주 당연하게 받아들인다. 축구 시즌만 되면 얼굴에는 남녀노소 할 것 없이 온통 노랑, 빨강, 검정으로 국기를 그려 넣고, 응원 장비도 왜 그리 많은 건지 나팔에 깃발에 폭죽에 주렁주렁 달고 다니면서 온 나라가 붕붕 떠 있는 것 같다.

독일 사회에서 축구의 중요성을 전혀 눈치 채지 못했던 때의 일이다. 월드컵 시즌에 독일 시합이 있는 날이었는데, 경기 초반에 멋모르고 슈퍼마켓에 갔었다. 주택가 길거리에는 쥐새끼 한 마리도 찾아볼 수 없을 정도로 사람이 보이지 않았고, 큰길에도 자동차가 거의 다니지 않았다. 가끔 눈에 띄는 사람들은 나와 같은 외국인인 듯 했다. 축구하는 시간인줄 모르고 길을 나섰다가 온 동네가 무너진 듯 갑자기 터져 나온 함성에 소스라치게 놀라며 월드컵이라는 사실이 생각났다.

몇 가지 필요한 물건을 사기 위해 계산을 하려는데 평소와는 달리 기다릴 필요도 없었다. 있는 사람이라곤 썰렁하게 계산대에 앉아 있는 여자 계산원과 나 둘뿐이었다. 너무 조용해서 멋쩍기도 하고 궁금하기도 해서 그녀에게 말을 걸었다.

"당신은 운이 참 없군요. 축구하는 시간에 일하고 있으니 말입니다."

그 마음을 나도 이해한다는 듯 어색한 미소를 지으며 반응을 살폈다.

"난 축구 관심 없어요, 축구 본다고 누가 빵 값이라도 주나요?"

"오, 당신은 이 나라 사람 같지 않군요. 독일인들은 모두 축구라면 열광하지 않나요?"

"많은 사람들이 좋아하긴 하지요. 그런데 난 먹고 사는 일이 더 중요하지 축구 같은 건 관심 없어요. 이 시간에도 모두 휴가를 낸다고 하기에 내가 자원해서 근무하는 겁니다. 내겐 빵 값을 버는 일이 더 중요하거든요."

나이 든 사람들에게 들어봄 직한 익숙한 하소연을 새파랗게 젊은 아가씨에게 들으니 완전히 느낌이 달랐다. 그리 평탄할 것 같지 않은 그녀의 삶이 계산기를 두드리는 굵고 거친 손가락 사이로 언뜻언뜻 비쳤다.

그러고 보니 정말 이상했다. 사람들은 왜 빵 값을 받는 것도 아닌데 목이 터져라 소리치고 있는 것일까? 아마 더 이상 빵 값이 그들의 인생에 별 의미가 없을 만큼 여유가 생겼다는 말일지도 모른다. 여하튼 축구를 좋아하지 않는다는 이유 하나만으로 슈퍼마켓 계산원이 반갑고 정겨웠다.

"나도 사실은 사람들이 열광하는 이유를 모르겠어요. 내가 하는 것도 아니고 남들이 하는 공놀이가 왜 재미있을까요? 우리 아들이 선수로 뛴다면 모를까."

"난 이미 당신이 축구 싫어하는 줄 알고 있었어요."

"응? 어떻게요?"

"축구 시합 있는 날 이런데 오는 사람들은 다 그렇거든요."

"아, 맞아 맞아 그렇겠네요. 하하."

한바탕 낄낄거리고 나서 인사를 나누고 슈퍼마켓을 나왔다.

경기가 끝나고 밖에 나가니 모여 있던 사람들이 하나둘 흩어져서 집으로 돌아가고 있었다. 하나같이 얼굴에 그려 넣은 국기가 축 늘어질 만큼 기운 없어 보였다. 알고 보니 독일이 상대팀에게 1대 0으로 졌던 것이다. 당시 월드컵 조별 예선에서 독일이 패한 것은 24년 만의 일이라고 하니 충격이 컸던 모양이다. 만약 이겼다면 아마 대로에서 어깨동무하고 소리 지르고, 노래 부르고, 열기가 쉽게 식지 않았을 텐데 말이다.

소외란 이런 느낌일까? 공감할 수 없는 대상이 다수라면 내가 특별한 사람인 것은 확실한 것 같나. 여하튼 예나 지금이나 독일의 이런 전통도, 한때 한국의 신흥 축구 열기도 이해할 수 없다. 내게는 누가 이기든 지든 이상할 정도로 관심이 없기 때문이다.

축구 때문에 수업도 당당히 쉴 정도로 자유로운 독일의 학교 분위기 역시 내게는 생소하다.

막장 뒤풀이 없는 졸업식

독일 김나지움 졸업식을 보면서 한국 중고등 학생들의 졸업식을 생각했었다. 30년 전 내가 졸업할 때, 남학생들이 흔히 했다던 밀가루 뒤집어쓰기라든지, 계란 던지기는 이미 옛 이야기가 되어버린 듯하다.

알몸 얼차려에 밀가루도 아닌 소화기 뿌리기, 추운 겨울 물에 빠뜨리기 등 경찰이 출동할 정도로 막장으로 치닫는 졸업식 뒤풀이 때문에 한국은 걱정이 많다. 졸업 시즌마다 부각되는 아이들의 극단적인 일탈 행위. 독일 졸업식에서는 볼 수 없는 광경이다.

왜 다를까? 여기 아이들이 학교생활에서 더 많은 자유를 누릴 수 있었고, 한국보다 상대적으로 학창 시절 스트레스가 적다는 것이 당연히 첫 번째 이유가 될 수 있다. 한국 학생들은 교복으로 무장하고 학교에 다녔으니, 옷차림으로, 혹은 화장이나 헤어스타일로 자기표현을 하기 쉽지 않았을 것이다.

졸업과 동시에 찾아온 주체할 수 없는 자유, 그 자유를 조용히 자연스럽게 받아들이기에는 그동안 억누르기만 했던 감정의 골이 너무도 깊었던 것 같다. 구속의 상징인 교복을 찢거나 밀가루를 뒤집어쓰면서 해방을 만끽하려다 보니 사고가 일어나기도 하는 것이다.

독일 학생들도 졸업식 날은 더 이상 학교라는 울타리에 머물지 않아도 된다는 사실에 해방감을 마음껏 즐기는 것 같다. 그러나 이들에게는 일탈 행위를 할 정도로 자극적인 표현은 필요 없어 보인다. 학교에 다니는 동안 하고 싶은 일은 원 없이 하고 나녔으니 해방이라는 느낌도 그리 현실적으로 와 닿지 않을 것이다.

몇 해 전 큰아이 졸업식 날, 아이를 하루 종일 따라다니다가 또 한 가지 한국과 다른 모습을 찾아냈었다. 독일에서는 학창 시절엔 단 한 번도 교복을 입어보지 않은 학생들이 졸업식 날은 하루 종일 정장을 입는다. 평소와 달리 옷을 갖춰 입으니 불편한 것은 말할 것도 없겠지만 행동거지도 갑자기 달라진다. 졸업식 본연의 의미와 함께 스스로 어른이 되었다는 사실을 격식에 맞는 옷차림을 통해 더욱 강하게 느끼는 것 같다.

큰아이 말이 하루 종일 양복을 입고 다니다 보니 평소에 까불고 천방지축이던 아이들도 갑자기 걸음걸이부터 달라지고 말투도 점잖아졌다며 신기하단다. 술만 취하면 게걸스럽게 놀던 아이들도 그날은 스스로를 조절하며 갑자기 신사가 되었다는 것이다.

옷 때문인지 독일 아이들은 졸업식 날에 평소보다 더 점잖게 노는 것 같았다. 남학생은 양복에 여학생은 드레스까지 입고 있으니 매사가 조심스러울 수밖에 없을 것이다. 치렁치렁한 드레스를 입고 온 어떤 여학생은 처음엔 조심스럽게 사뿐사뿐 걸어 다니는 것 같더니 나중에는 얼마나 힘든지 드레스를 뒤로 꽁지처럼 묶고 뛰어다녔다.

학생 때는 무슨 짓을 해도 용서받고 자유로울 수 있지만 성인이 된다는 것은 자신을 통제하고 가다듬을 수 있는 능력을 갖추는 일. 여기 아이들은 졸업식에서 정장을 입는 것을 통해 그 중요성을 느끼게 되는 것 같다.

그러고 보니 독일 학생들에게 졸업식은 학창 시절 중 가장 신체적으로 자유롭지 못한 날이다. 한국 중고등학교의 졸업식과는 정반대의 상황이다. 졸업식 막장 뒤풀이와 교복은 과연 상관관계가 없는 것일까? 독일 졸업식을 보면서 연관 짓지 않을 수 없었다.

인간 본연의 모습은 지구상 어디에서나 비슷하다. 사람이 문제가 아니라 제도가 문제인 것이다. 졸업식 막장 뒤풀이, 경찰을 풀어 위협하는 것도 좋지만 그렇게 할 수밖에 없는 억눌린 학생의 인권에 대해 먼저 고민해야 해결의 실마리를 찾을 수 있을 것 같다.

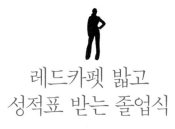

레드카펫 밟고
성적표 받는 졸업식

독일은 학교 차원의 공식적인 졸업 파티를 먼저 하고 아비투어Abitur 성적표를 최종적으로 받는 날 한국의 졸업식과 같은 의식을 한 뒤 저녁에는 자유로운 파티를 한다. 아비투어란 인문계 중고등학교 과정을 마칠 때 치르는 시험으로 고교 졸업 자격증이자 한국의 수능과 같은 의미의 대학 입학시험이다.

독일 김나지움 졸업식에는 큰아이 때문에 처음 참석해보았는데 행사와 관련된 모든 준비를 졸업생이 직접 한다는 점이 특이했다. 물론 선생님의 통솔하에 진행되기는 했지만 실제로 일을 하는 사람은 학생이었다.

졸업식 날 오전에는 성적표 수여식을 무려 네다섯 시간이나 했다. 전교생이 한 사람씩 레드카펫을 밟으며 영화제 시상식에 참여하듯 입장해서 성적표를 받으니 오래 걸릴 수밖에 없었다. 성적표를 받으면 개별적으로 교장 선생님, 단상에 있는 교사들과 함께 기념 촬영도 한다.

우리 아이는 성이 '유'라서 알파벳 Y로 시작하기에 꼴찌에서 두 번째로 받았다. 앉아서 계속 박수만 치고 있으려니 엉덩이도 쑤시고 손바닥까지 아팠다. 그런데 모두들 끝까지 자리를 지키고 앉아 모든 졸업생들에게 아비투어 합격을 축하해주었다. 큰아이 학교는 당시 두 명을 빼고모두 합격했었다.

아이들이 직접 기획한 아비투어 성적표 수여식은 인상적이었다. '연예인만 레드카펫 밟으란 법 있냐? 우리도 밟아보자'며 단상까지 길게 레드카펫을 깔았다. 그러고는 성적표를 받으러 올라갈 때 그 학생이 스스로 미리 선택해둔 음악을 틀어준다.

상 받는 학생만 단상에 올라가고 학생 대표만 답사하는 졸업식만 봐서 그런지, 공부 잘한 학생에게만 상을 주는 것이 아니라 졸업생 모두가주인공이 되는 모습을 보니 감동적이었다.

물론 전체 성적으로 1등한 학생에게는 상을 주지 않아도 드물게 성적에 따라 상을 주기는 한다. 큰아이는 아비투어 수학 점수가 제일 높은졸업생에게 독일수학협회Deutschen Mathematiker-Vereinigung, DMV가 수여하는상과 부상을 받았다.

큰아이는 상을 받자 수많은 사람들이 갑자기 한꺼번에 모여들어 축하한다고 하는 모습에 놀랐다고 한다. 이 장면을 보며 참으로 신기했다.남의 자식 상 받는데, 친구 부모들이 어쩌면 그렇게 좋아해주던지.

재미있는 축하 인사 중 하나는, 1년 동안 한국에서 일하고 왔다는 어떤 아빠가 큰아이에게 건넨 인사였다.

"상 받은 거 정말 축하한다. 내가 한국에서 일했다는 것이 정말 자랑스럽다."

민족주의도 아니고 이건 대체 무슨 주의? 얘기를 듣다 말고 온 식구가 낄낄거리며 웃어야 했다.

갈수록 인기가 줄어들고 있는 순수과학 분야에 동기를 부여하기 위해 이런 상을 특별히 주는 것 같다. 영어는 아무리 잘해도 상이 없는 것을 보면 말이다.

유혹이 제대로 효력을 발휘한 듯, 큰아이는 상을 받더니 한동안 수학과에 가겠다며 알아보고 다녔었다. 결국은 물리학과에 입학하게 되었지만 우연의 일치인지 결론적으로 수학 비중이 높은 학과를 선택했다.

수학이 1등이라고 하니 엄청 잘한 점수인 것 같지만 큰아이 전체 성적이 최고냐 하면 그건 아니다. 이 녀석은 딱 자기가 좋아하는 수학과 영어만 15점 만점을 받았다. 나머지는 모두 중간 정도니 총점이 잘 나올 수는 없었다.

입시생이면서도 취미 없는 과목은 전혀 공부하지 않았기 때문이다. 옆에서 안타깝게 지켜봐야만 하는 엄마의 입장에서는 불만이 많았지만 자기 하는 대로 내버려두었다. 여하튼 총점은 신통치 않아도 좋아하는 과목은 완벽하게 받았으니 천만다행이었다.

앞에서 성적표를 나눠준 사람은 교장 선생님과 지난 한 해 동안 학생 상담을 했던 선생님들이었는데 어려운 일로 자주 만났던 아이들과는 부둥켜안고 눈물을 흘리기도 했다. 큰아이 말을 들으니 주로 문제를 많이 일으켰던 학생들이란다. 가슴이 찡하고 덩달아 코끝이 시큰했다.

성적표를 모두 나눠준 뒤에는 교장 선생님이 중요한 말씀을 했다. 진학을 앞두고 신경이 곤두서 있는 아이들과 부모의 마음을 읽기라도 한 듯, 교장 선생님은 인사말 서두부터 이렇게 시작했다. 그렇게 시작된 선생님의 말씀은 나뿐 아니라 거기 있는 부모들을 뜨끔뜨끔하게 했다.

"여기 오신 부모님 여러분, 13년 동안 자식교육시키느라 수고 많았습니다. 이제 이 아이들은 더 이상 여러분의 자식이 아닙니다. 놓아주십시오. 사랑은 주되 아이의 인생에 참견은 하지 마세요."

학교에 다니는 내내 부모 말 듣지 말고 마음대로 살라고 그렇게 세뇌를 시켜놓고, 이제 아이들 앞에서 부모에게 아예 쐐기를 박는 것이다.

독일에서 부모 노릇 하기 정말 힘들다. 그게 아니라고 반대라도 할라치면 눈치 슬슬 봐가며 부탁조로 해야 하니, 이거야 원. 17년 동안 밥 해준 공도 없이 당신 자식이 아니라니, 참 섭섭했다. 그래도 어쩌겠나, 놔줘야 한다는데.

성적표 수여식이 끝나고 몇 시간은 학교에서 가벼운 와인과 맥주를 마시면서 대화의 시간을 갖고 각자 집으로 가서 본격적인 디너 파티를 준비한다. 남학생들은 양복에 구두면 끝이지만 여학생들은 정말 요란하다. 미스 독일 선발 대회에 나가기라도 하는 것처럼 화려한 드레스에, 화장에, 머리까지 미용실에서 완벽하게 하고 나타났다. 여학생들은 이날 입을 드레스를 1년 전부터 보고 다닌다고 한다. 이런 걸 보면 역시 남자가 편하긴 하다.

이렇게 밤 11시 즈음에 공식적인 파티가 끝나면 부모들은 모두 돌아간다. 그때부터는 아이들끼리 남아 밤새도록 술 마시고 춤추며 놀면서 자축한다. 학교마다 지역마다 약간씩 다르겠지만 대체적으로 이런 모습들이 평범한 독일 졸업식 풍경이다.

CHAPTER 2

행복은
성적순이
아니잖아요

- 부모편

진학 미루고
여행 떠날 수 있는 이유

자식을 키우는 부모의 마음은 동양이나 서양이나, 독일이나 한국이나 비슷하다. 혹여 잘못되지나 않을까, 꿈을 잃지나 않을까, 부모는 언제나 걱정 가실 날이 없다.

성공한 사람들의 인터뷰나 일대기를 보면 부모의 반대에도 자신의 길을 가기 위해 겪었던 우여곡절들이 무용담처럼 등장한다. 이를 보면 역시 위인들은 청소년 때부터 미래에 대한 비전이 확실한 것 같다.

그렇게 '역시 대단해, 뭐가 달라도 다르다니까'라며 손뼉을 치다가 문득 내 자식을 돌아보면 갑자기 걱정이 앞서기 시작한다. 이들에 비하면 도대체 우리 아이는 미래에 대한 계획이 없는 것 같아 보이기 때문이다.

그렇게 어떤 거라도 좋으니 반대라도 해봤으면 좋겠다던 부모들은 이제 어느 순간 걱정을 지나 불안감마저 갖기 시작한다. 다른 사람들은 청소년기에 이미 부모와 싸울 정도로 목표가 확고하다는데 우리 아이는 좋아하는 것이 뭔지도 모르는 것 같기 때문이다.

나 또한 그런 우려를 할 때가 있다. 그러나 가만히 생각해보니 그 나이 때 미래에 대한 청사진을 그릴 수 있다는 것이 오히려 이상하기도 하다. 이는 대부분 자신의 경험이 아닌 이론이나 생각으로, 혹은 책을 통한 간접 경험으로 그리는 미래일 것이기 때문이다.

이마저도 전혀 감도 못 잡고 있는 경우도 많다. 이것도 하고 싶고 저것도 하고 싶고, 또 무엇인가 미래를 위한 치밀한 준비보다는 당장에 신나게 노는 데 열중하고 싶은 것이 그 나이 또래 청소년들이다.

그런데도 부모들이 뚜렷한 비전이 없다며 걱정하는 것은 너무 기준이 높기 때문은 아닐까? 성공한 소수의 아주 드문 일화를 자기 자식에게 대입시키려는 생각은 어찌 보면 허황되기도 하다.

이런 걱정은 독일 부모들도 마찬가지인 것 같다. 그러나 독일 부모들은 자식의 미래나 계획을 높이 설정하기보다는 멀리 보는 데 익숙해 보인다. 그런 모습이 부러울 때가 많은데, 부모의 안목이 나보다 현명하거나 달라서가 아니라 이 사회가 장기 계획을 세울 수 있는 여건을 마련해주고 있기 때문에 생긴 여유인 것 같다.

큰아이가 김나지움을 졸업할 때 졸업생 99%가 아비투어에 합격했다. 독일에서 아비투어에 합격했다는 의미는 대학을 가는 데 크게 문제없다는 뜻과 같다. 학과의 차이가 좀 있을 뿐 어떤 대학이든 일단 합격이 가능하기 때문이다.

그러나 여기 아이들은 아비투어를 합격했으면서도 진학하지 않는 경우가 적지 않다. 우리 아이 친구들을 봐도 여러 명이 아비투어 합격을 뒤로 하고 아우스빌둥Ausbildung이라는 직업교육을 받기 시작했었다.

말을 참 좋아했던 한 여학생은 페어데비르트Pferdewirt라는 말을 관리하고 조련하는 아우스빌둥을 받기 위해 직장을 찾아 멀리 떠났다. 성적이 잘 나온 편이었고 진학에 전혀 문제가 없었음에도 직업교육을 택한 것이다. 말이 직업교육이지 처음에는 말똥 치우고 말 먹이 주는 일부터 시작하는 힘든 노동인데도 말이다.

또 몇몇 친구들은 유학도 아니고 기약 없이 무작정 해외여행을 떠났다. 경비를 벌면서 다니는 워킹홀리데이로 세계 일주를 한다는 아이들도 있었다.

처음 이런 이야기를 접했을 때는 경험도 좋고 여행도 좋지만 돌아왔을 때 제자리를 찾는 일이 어렵지 않을지 의문을 가졌다. 대학이나 직업과 관련 있는 여행이라면 모를까 무작정 어디론가 떠나서 몇 년을 허비해버린다면 공백이 너무 클 것 같아 남의 자식 일이지만 내심 걱정이 되기도 했었다.

그런데 그것은 여유 없이 달리는 데만 익숙한 나의 기우였다. 특별히 원대한 목표가 있었던 것도 아니고 알찬 내실도 없었으면서 그저 바쁘게 사는 데만 익숙했던 내 눈에 비친 걱정거리 말이다. 요즘 시간이 걸리기는 하지만 천천히 제자리를 찾아가는 큰아이 친구들을 보면서 기다리는 데 익숙하지 않았던 나를 반성하게 된다.

이처럼 김나지움에 진학해서 아비투어를 무사히 마치고도 다른 결정을 할 수 있는 이유는 이들의 교육 제도가 다시 시작하는 사람들에게 충분히 열려 있기 때문이기도 하다.

예를 들어 아우스빌둥을 하고 있거나 졸업한 사람이 대학에 진학하고자 한다면 아비투어를 다시 보지 않고도 기회가 있다. 해외여행도 마찬가지다. 올해 입학하나 내년에 입학하나 시간적으로 1년 후일 뿐 다른 조건에는 차이가 없다. 아비투어는 일생에 한 번이면 족한 시험이기 때문이다.

아비투어를 보고 10년이 지난 다음 대학에 응시하는 사람도 있지만 입시를 위해 처음부터 다시 공부를 시작할 필요는 없다. 10년 전의 점수가 그대로 인정되기 때문이다.

한국식 교육 제도하에서 학생들은 좀 더 나은 점수가 바로 대학의 수준을 말해주고 대학의 수준에 따라 자신의 미래 위치가 결정된다고 믿는다. 그렇기에 더 나은 점수를 위해서라면 재수도 하고 삼수도 한다. 그 긴 시간 동안 했던 공부를 고스란히 반복해야 하지만 과정 또는 학문의 깊이나 수준보다는 수치화된 점수를 올리는 일이 가장 중요하다. 재도전을 하려면 1년을, 많게는 2년도 넘는 시간을 세상과 담을 쌓고 또다시 책상에 앉아서만 보내야 한다.

독일 학생들에게도 진학에 대한 스트레스는 당연히 존재한다. 특히 수험생은 아비투어 점수에 울고 웃을 수밖에 없다. 그러나 결과에 만족한 사람이든 그렇지 않은 사람이든 아비투어는 한 번의 시험으로 이미 과거가 된다. 다시 입시를 준비하는 부담이 없으니 진학을 뒤로 미루고 훌훌 떠날 수도 있는 것이다.

아비투어 2주 전에도
휴가 떠나

김나지움 13학년인 큰아이의 아비투어 본고사가 2주 앞으로 다가왔을 때다. 2주 동안의 부활절 방학이 끝나고 개학하면 바로 그 주에 시험이 시작되었다. 일주일에 한 과목씩 3주 동안 치르고, 한 달 후에 있는 구술시험까지 총 네 과목이었다.

바야흐로 대학 입학이 결정되는 가장 중요한 고비다. 그런데 당시 그 중요한 시기에도 휴가를 떠난 학생이 있어 나를 놀라게 했었다. 아무리 독일 학생과 부모 들을 이해하려고 노력해도 공부에 대한 생각이 뿌리부터 다르니 역부족이다.

그런데 나만 그런 생각을 하는 것은 아닌 모양이다. 자기네들끼리도 "너 미쳤니? 이 중요한 시기에 휴가를 가게?"라며 한심하다고 흉보기도 했단다.

그렇다고 휴가를 간 아이들이 아비투어를 포기한 학생은 아니다. 성적이 좋았던 큰아이 친구 중에도 스페인으로 휴가를 떠났던 학생이 있었다. 그런데 친구들의 핀잔에 이 친구가 둘러댄 이유는 더 황당했다.

큰아이가 페이스북으로 스페인 소식을 전하는 친구에게 "너 아비투어는 어떻게 하려고 거기 가 있는 거야?"라고 물으니, 자기는 시험 걱정 때문에 가고 싶지 않았지만 "가족이 함께 가는 여행에 빠져서는 안 된다"고 강요하는 부모님 때문에 어쩔 수 없었다는 것이다.

저녁 시간에 이 이야기를 듣고 남편과 나는 입을 다물지 못하고 동시에 소리쳤다.

"부모가?"

아이가 아니라 부모가 강요했단다. 모든 학부모가 이 아이의 부모와 생각이 같지는 않을 것이다. 독일 부모들이 다른 점이 있다면 명문 대학을 향해 질주하는 대부분의 한국 부모들과는 달리 다양한 시각과 교육관을 가진 사람들이 혼재한다는 사실이다. 어떤 사람은 대학을 최고의 가치로 생각하는가 하면 어떤 부모는 대학 진학도 중요하지만 가족이 함께하는 여가 활동도 공부만큼 중요하다고 생각한다. 또 다른 부모는 자신의 아이가 공부에 관심이 없다고 판단되면 미련 없이 직업학교를 선택하게 하기도 한다.

요즘은 페이스북으로 전 학년이 네트워크화되어 있어서 같은 반이 아니라도 그 학년 학생들에게 일어나는 일들을 상세히 알 수 있는 모양이다. 큰아이나 작은아이나 휴가를 가서도 페이스북을 통해 서로 연락을 주고받으니 공부를 하다가도 수다 떠느라 쉴 틈이 없어 보인다.

당시 우리 아이가 다니는 김나지움 13학년 총 인원은 100명 정도였다. 그중에 20명 남짓이 부활절 방학에 부모와 휴가를 떠났다. 그런데 그 아이들 모두가 아비투어에 관심 없는 학생은 아니었다. 물론 어떤 아이들은 꼴찌로라도 아비투어에 통과만 하면 된다고 생각하기도 하지만 대부분의 학생들은 열심히 노력하는 편이었다.

큰아이는 나름 시험공부를 꽤 열심히 한다며 스트레스를 받는다고 했지만 내 눈에는 그리 크게 힘들어 보이지 않았다. 가끔 방문을 열고 들여다보면, 친구들과 페이스북 포럼에서 함께 공부한다며 낄낄거리고 시시덕거리고 있었기 때문이다. 그러나 소리 내서 웃다가도 바로 진지해지면서 토론이 시작되는 걸 보면 뭔가 하긴 하는 것 같았다.

하지만 한국에서 대학 입시를 치른 내 눈에는 항상 부족해 보였다. 그러다가 궁금하기도 하고 한심하기도 한 생각에 며칠에 한 번씩 당연한 질문을 하곤 했다.

"너 이제 정말 마지막인데 공부는 제대로 하고 있는 거지?"

"걱정 말라니까? 완벽하게 준비하고 있어."

"맨날 그 소리. 공부에 완벽이 어디 있어?"

"내가 아는 만큼 틀리지 않게 쓸 수 있으면 완벽한 거지 뭐."

"또 그 소리, 좀 더 많이 알기 위해 노력하면 누가 잡아가니?"

"응, 잡아가. 낄낄낄."

이렇게 입시생이던 큰아이와 나의 대화는 어떤 주제로 출발했건 결론은 항상 제자리걸음이었다. 아무리 여유 있는 척해도 결국은 경쟁에서 이겨야만 성공한 공부라는 강박관념에서 벗어나지 못하는 엄마와 그런 엄마의 속내를 언제나 한심하게 평가하는 아들의 농담으로 끝나곤 했다.

공부 못하는 학생은
방학이 더 필요하다

어떤 사회나 교육열이 가장 높은 계층은 중산층이다. 독일도 마찬가지다. 인문계 학교인 김나지움 진학률도 그렇고 대학 진학률도 중산층 이상 가정의 자녀들이 많은 비율을 차지하고 있다.

그들 역시 한국과는 그 정도나 형식이 다를 뿐이지 상대적으로 자녀 교육에 관심도 많고 성적에 대해서도 예민한 편이다. 이처럼 교육에서의 부익부 빈익빈 현상은 독일에서도 커다란 사회 문제 중의 하나다.

그런데 독일이 한국과 약간 다른 점은 중산층 비율이 높을 뿐이지 획일적으로 모두 그렇게 보이지는 않는다는 점이다. 사회적인 경향과는 달리 학교 성적이나 진학에 초연한 중산층 부모를 주변에서 많이 보았다.

김나지움 때 큰아이가 과외 수업을 하게 된 10학년 학생은 수학에서

5점을 받아 학교로부터 다음 학기에 유급이 될 수도 있다는 경고장을 받았다고 한다. 10학년 내내 수학 때문에 문제가 많았던 이 학생은 더 이상 구제받을 수 없을 정도로 심각했기 때문에 수학 선생님이 과외를 주선했고 12학년인 우리 아이가 가르치기 시작한 것이다.

그런데 우리와는 너무 다른 이 여학생의 부모를 보면서 많이 놀랐다. 그녀의 부모는 이미 아이 공부에 대해 포기했다고 한다. 더 이상 힘들어 하지 말고 실업 중등학교인 레알슐레Realschule로 전학해서 쉽게 공부하는 것이 어떻겠냐고 계속 아이를 설득하고 있었다.

오히려 기특하게도 당시 이 여학생은 공부는 꼴찌를 할망정 꼭 대학을 가고 싶다며 버티고 있는 상태였다. 그도 말이 되는 것이 독일 학교에서는 조금만 노력해서 아비투어만 합격하면 웬만한 학과에 입학하는 것은 큰 문제가 없기 때문이다. 과외도 스스로 원해서 선생님이 소개해 준 것이었다. 부모는 아이가 과외를 하는 것을 반대하지도, 그렇다고 크게 관심을 두지도 않았다.

여학생의 아빠는 변호사, 엄마는 회계사였으니, 사회적으로 보면 두 사람 모두 엘리트였다. 그런 사람들이 자식에 대해 쉽게 포기하는 모습을 보니 '독일 교육 이야기'를 열심히 떠들던 나도 뜻밖이라는 생각을 하지 않을 수 없었다.

부활절 봄 방학 때였다. 방학이 끝나면 바로 유급이 결정되는 마지막 수학시험이 기다리고 있다며 그 여학생은 방학 전부터 걱정을 많이 했다. 그런데 그렇게 걱정하던 아이가 방학이 시작하자 과외 수업을 중단했다. 학교 다닐 때보다 더 많이 공부할 수 있는 절호의 기회인데 말이다. 아이의 부모보다 내가 더 답답해서 가슴을 쳤다.

큰아이에게 심각하다는 아이가 방학이라고 실컷 논다는 것이 말이 안 된다며 어이없다고 했더니, 우리 아이는 오히려 당연한 것을 어이없어하는 엄마가 더 웃긴다고 몰아붙였다. 그러면 방학엔 공부 말고 무얼 하냐고 물었더니 2주 동안 스페인으로 가족 모두 휴가를 떠났단다.

"뭐! 휴가? 아이가 다음 학기에 유급이 될 수도 있다는데 휴가를 떠났다고? 그 부모 너무한 거 아니니?"

"엄마, 공부 못하는 학생일수록 방학 때 휴식이 필요하단 것 몰라?"

"뭐라고? 공부를 못할수록 방학 때 열심히 해서 성적을 올릴 생각을 해야지 놀기만 한다고?"

"공부 못하는 아이들은 학교 다닐 때 스트레스를 더 많이 받기 때문에 방학 때는 더 많이 쉬어야 하는 거야. 그 힘든 공부를 방학 때도 계속하면 방학이 아니잖아."

"정말 웃기는 논리네. 공부 못하는 학생은 방학이 더 필요하다고?"

"웃기는 말 같지만 사실이 그렇잖아. 방학은 학기 중에 공부하느라 수고했으니 푹 쉬라고 있는 거잖아. 당연히 쉬어야지. 또 스트레스 많이 받은 사람은 더 많이 쉬어야하는 거 아니야?"

"너랑 말을 시작한 내가 잘못이지. 아이고 머리야⋯ 그럼 공부 잘하는 사람은?"

"뭐, 공부 잘하는 사람은 본래 쉬엄쉬엄하니까 방학 때도 잘 놀겠지."

"말도 안 되는 궤변이다, 궤변. 떠들지 말고 얼른 가서 공부나 해!"

이렇게 쏘아붙여 놓기는 했는데, '맞아, 방학이잖아. 여긴 독일이고'라는 생각이 문득 드는 것이다. 어느새 나도 모르게 한국의 방학을 생각했나보다. 공부를 잘하든 못하든 더 열심히 공부해야 하는 시간이었던 방학을 말이다.

그런데 자식 공부를 그렇게 쉽게 포기하는 부모의 경우는 아무리 이해하려고 노력해봐도 여전히 내게는 풀기 어려운 문제다. 공부 못하면 실패한 인생이라고, 대학 입학 말고 다른 길은 생각하지 말라고 가르친 한국 교육의 탓일까.

방학 때는 어느 정도의
공부가 적당할까?

"방학은 학교 다닐 때보다 더 열심히 공부해야 한다는 것 잘 알지? 특히 성적 떨어진 사람은 남들보다 두 배 더 많이 해야 한다. 잘하는 사람은 방학 기간을 이용해서 성적 더 올릴 수 있도록 노력하도록 하고."

학창 시절 방학하는 날이면 많이 들었던 말이다. 방학뿐 아니라 주말에도 항상 담임 선생님은 혹시 아이들이 흐트러질까 잊지 않고 매번 똑같은 말을 반복했다.

"학생은 주말이라고 쉬어서는 절대 안 된다. 평소보다 더 많이 공부할 수 있는 시간이니 잘 활용하도록 해라."

여하튼 예나 지금이나 우리에게 방학이란 공부를 더 열심히 해서 성적을 올릴 수 있는 기회의 시간이었다. 대부분의 학생들은 방학이 되면 모두들 각오를 새롭게 다진다. '이번 방학 때는 꼭 열심히 해서 다음 학기에 성적을 올려야지.' 물론 말뿐인 사람들도 많지만 모두 생각들은 한 번씩 해본다. 우리에게 방학은 제2의 시험 준비 기간이기 때문이다.

그러니 방학이면 여행이나 다니고 온종일 노는 여기 아이들을 보면서 불안할 수밖에 없었다. 우리 아이들에게도 친구들이 모두 다 놀고 있으니 차마 공부하란 말은 못하겠고 벙어리 냉가슴 앓기만 했다.

독일에서 방학 때 공부하는 학생은 거의 없다. 초등학교는 당연하고 중고등 학생까지 방학숙제를 내주는 학교도 없다. 그러니 학기 중에도 공부하는 시간보다 노는 시간이 더 많았던 아이들이 방학이 되면 더 열심히 노는 것이다.

방학 시작하는 날부터 단 한 번도 책가방을 열어보는 일이 없으니, 어떤 때는 개학 전날 책 정리하다가 새까맣게 곰팡이 슨 도시락을 발견하고 소스라치게 놀란 적도 있었다. 방학식 하는 날 싸갔다가 남긴 빵 조각이 도시락 안에서 한 달이 넘도록 썩고 있었던 것이다.

아이들 초등학교 때는 선생님이 부모들을 모아놓고 이런 부탁까지 했다.

"방학 동안 공부를 많이 시키라는 것이 아니라 제발 배운 것 잊어버리지 않을 정도만이라도 유지시켜주세요."

초등학생들의 경우엔 개학을 하면 방학 전에 배웠던 것을 잊어버리고 오는 아이들이 많아서 진도를 이어가는 데 어려움이 많다고 한다.

독일 사람들이 얼마나 공부에 무관심한지 알 수 있는 말이다. 그런 사람들이 또 방학 때는 완벽하게 놀아야 한다는 이야기는 더 많이 한다.

물론 성적이 지나치게 부진한 학생에게는 예외일 수도 있다. 예를 들어 다음 학기에 유급 위기에 있는 경우에는 약간이라도 보충을 해야 하기 때문이다. 우리 아이들 친구나 주변에서 전혀 본 일은 없었지만 독일 부모들 중에서도 방학 때 공부를 시키는 사람이 전혀 없는 것은 아니다.

이에 대해 마르틴루터 할레비텐베르크대학Martin Luther Universität Halle-Wittenberg 클라우디아 달베어트Claudia Dalbert 교수는 한 인터뷰를 통해 휴식의 중요성을 강조했다.

"어린이에게도 휴식이 필요하다. 학교생활은 학생이 잠시 집중하고 긴장하는 시간이다. 그 이외의 시간에는 긴장을 풀고 느슨하게 게으름도 피우고 즐길 수 있는 시간이 필요하다."

어른들이 평일에 열심히 일하고 휴가 때 모든 것을 잊고 즐기는 것처럼 아이들도 조건 없는 휴식이 필요하다는 것이다.

그러나 방학 기간 중에도 굳이 공부를 해야만 할 상황이라면 어느 정도가 가장 적당한 것일까? 그에 대해 달베어트 교수는 "학습은 책상에 오래 앉아서 많은 시간을 투자하는 것보다는 짧은 시간 집중적으로 하는 것이 효율적"이라고 했다. 매일 한 시간 하는 것이 사흘에 한 번 열 시간 하는 공부보다 효과적이라고 한다.

달베어트 교수에 의하면 효율적인 학습을 위해서는 부모와 함께 학습 계획과 목표를 세워보는 것도 좋은 방법이다. 이때 중요한 것은 반드시 아이가 선택하고 결정하게 해야 하며 부모는 옆에서 약간 조언하는 정도에 그쳐야 한다는 것이다. 부모가 원하는 과목을 지정해주고 이렇게 해라, 저렇게 해라 참견해서는 안 된다.

학습 계획표는 특히 성적이 부진한 학생에게 더 필요하다고 한다. 이 아이들은 공부해야 한다는 압박감에 시달릴 가능성이 많아 놀면서도 마음이 편치 않다. 그러나 학습 계획표를 만들어두면 학습 시간 이외에는 부담 없이 마음 놓고 놀 수 있기 때문이다. 또 잠깐 동안의 공부는 휴식을 기다리며 즐거운 마음으로 집중할 수 있기 때문에 효과적이라고 한다. 마음껏 뛰놀 수 있는 자유 시간에 대한 기대감이 동기부여로 작용하는 것이다.

그런데 학습 계획표도 좋고 동기부여도 좋지만 아이가 전혀 공부를 싫어한다면 어떻게 해야 할까? 이에 대해 달베어트 교수는 싫어하는 아이에게 강요하는 것은 전혀 효과가 없다며 강요보다는 부모 스스로에게 자문해보라고 충고한다. 자신의 아이에게 지나치게 많은 시간 학습을 강요하고 있는 것은 아닌지, 또는 같은 반 친구나 선생님과 문제가 있는 것은 아닌지, 부모에게 저항하는 마음으로 학습을 거부하고 있는 것은 아닌지.

이런 경우 상을 주는 것도 좋은 방법 중 하나라고 한다. 그런데 돈으로 주기보다는 함께 운동을 한다든지, 여행을 간다든지 등의 여러 가지 부모가 아이와 함께 할 수 있는 상이어야 한다.

달베어트 교수는 아동들이 방학 때도 공부를 해야 한다는 것은 독일 교육 제도의 책임이라며, "모든 공부는 학교 안에서만 이루어질 수 있어야 방학이 완전하게 놀 수 있는 시간이 될 것"이라고 불완전한 독일 교육 제도를 비판했다.

종종 '독일만큼 성적과 공부에 초연해 보이는 나라가 과연 선진국 중 몇 개국이나 있을까?'라는 의문이 들곤 할 정도지만 그들 스스로 생각하는 독일 교육 제도는 여전히 학생을 충분히 휴식할 수 없게 하고 공부를 강요하고 있는 모양이다. 한국에서 단 한 달이라도 살아봤다면 절대 이런 비판을 할 수는 없었을 텐데 말이다.

CHAPTER 3

행복은
성적순이
아니잖아요

- 교사편

성적표 받으려면
돈 내라는 선생님

여름방학 즈음이면 아이들은 이미 들떠서 공부는 하는 둥 마는 둥, 가방만 메고 학교에 왔다 갔다 한다. 방학이 가까워오면 교사들도 결강이 왜 그리 잦은 건지, 툭하면 수업이 없다며 아이들은 일찍 집으로 와버리기 일쑤다.

물론 모든 교사들이 그런 것은 아니지만 선생님을 잘못 만나면 종종 경험할 수 있는 일이다. 그렇다고 해이한 수업 태도에만 원인이 있는 것은 아니다. 건강 제일주의 독일에서 교사든 학생이든 병가에 대해서는 잦은 결석이라도 무엇이라 딱히 불만을 이야기할 수는 없다.

아무리 독일 분위기에 맞추어보려고 노력해도 이럴 땐 다시 본색이 드러나기 시작해 "정말 너희 학교 해도 해도 너무한다"라는 말이 저절로 나오곤 한다.

그런데 공부는 이렇게 설렁설렁 시키면서도 불우이웃돕기 성금은 악착같이 걷는다. 간단히 부모에게 받는 용돈에서 몇 유로 정도 내면 될 텐데 그 기금 마련을 위해 학교도 안가고 하루 동안 일을 할 때도 있다. 선생님은 또 돈 못 벌어오는 사람은 성적표 받을 생각도 하지 말라고 협박 아닌 협박까지 할 때도 있다.

큰아이가 김나지움 다닐 때였다. 선생님의 으름장이 은근히 부담이 되었던지 큰아이는 방학이 시작하기 몇 주일 전부터 내 뒤를 졸졸 따라다니며 일거리를 달라고 사정을 했다.

"엄마, 몇 시간짜리 힘든 일 있으면 나 아르바이트 좀 시켜줘. 돈 필요하단 말이야"

"무슨 돈이 필요한데? 네가 언제 일하고 엄마한테 돈 타갔니? 새삼스럽게 왜 이래?"

"다음 주에 사회봉사의 날이 있는데 그날 일하고 돈 벌어서 방학하는 날 학교에 가져가야 해. 돈 못 벌어온 사람들은 성적표 안 준다고 했어."

"에이, 농담이겠지. 선생님이 웃기려고 하는 소리 아니야?"

"아니라니까, 정말 돈 내고 성적표 받아가라고 진지하게 이야기했어"

"정말 웃기는 학교구나? 그렇게 강제로 돈을 걷으면 항의하는 부모들은 없어?"

"당연히 없지. 그런 일에 항의했다가는 망신만 당할 걸."

물론 선생님의 농담 반 진담 반인 으름장이었겠지만 중요한 것은 아무도 항의하지 않고, 빈손으로 가는 사람이 없었다는 사실이다. 약간만 이치에 어긋나도 다짜고짜 잘도 따지는 독일 아이들이 이런 일에는 군말 한번 없이 학교의 지시를 잘도 따른다.

우리 아이들이 다니는 아헨의 쿠벤Couven 김나지움은 1년에 한 번 사회봉사의 날이 있다. 이날 학생들은 등교하지 않는 대신 스스로 번 돈을 불우이웃돕기 성금으로 기부해야 한다. 밖에 나가 일자리를 찾을 능력이 없는 사람들은 부모나 할머니, 할아버지, 혹은 이웃집에 부탁하기도 한다. 중요한 것은 반드시 스스로 일해서 번 돈이어야 한다는 것이다.

쿠벤 김나지움은 아프리카의 부르키나파소Burkina Faso라는 나라의 한 학교와 자매결연을 하고 지속적으로 후원하고 있다. 독일 대부분의 초등학교와 중고등학교는 세3세계 국가들과 이렇게 개별적으로 관계를 맺고 꾸준히 도움을 준다.

이 활동을 위해 교사와 학생 들이 직접 일을 하기도 하고 연말 바자회 등을 통해 기금을 마련한다. 큰아이 학교만 하더라도 당시 1년 동안 1만 2589유로를 모았다고 하니 적은 돈은 아니다. 이 정도 액수를 마련하려면 아이들이 1년 동안 해야 할 일들이 만만치 않다. 이 기금 안에는 전교생 한 사람 한 사람의 땀방울이 그대로 녹아 있다.

독일의 학교나 단체에서 개별적으로 아프리카에 전달하는 성금만 해도 어마어마할 것이다. 거의 모든 학교가 비슷한 활동을 하고 있기 때문이다. 가난한 사람들을 돕기 위해 시작된 활동이기도 하지만 기금을 마련하는 과정에서 얻는 귀중한 경험들은 더불어 사는 사회를 배우기에도 좋은 교육이고 훗날 아이들의 삶에 소중한 자산이 될 것이다.

교수 자리 박차고 나와
평교사 되다

아비투어 심화 과정 두 과목은 입시에서 가장 배점이 높은 과목이기도 하지만 같은 과목을 선택한 학생들 간의 유대 관계 또한 특별하다. 학교에서도 가장 많은 시간을 함께 공부하고 토론이나 실습을 같이 다니다 보니 특별히 친해지는 것 같다. 우리 아이들 학교는 고학년 때 수학여행도 같은 과목으로 심화 과정을 선택한 학생끼리 갔었다.

학생들끼리만 친한 것이 아니라 선생님도 마찬가지다. 보통 김나지움 고학년은 담임 선생님이 없는데, 심화 과정 교사가 담임은 아니더라도 자신이 담당하는 과목을 선택한 학생의 성향이나 진로 등을 가장 잘 파악하고 있다.

아비투어에서 생물을 심화 과정으로 선택했던 큰아이도 고학년 때는 생물 선생님 이야기를 가장 많이 했던 것 같다. 큰아이 생물 선생님은 약간 특별하기도 해서 이야깃거리가 더 많았다. 한국 사람인 내 눈에는 참으로 특별한 삶을 산다는 생각이 드는 분이었다.

수년 전까지만 해도 선생님은 아헨공과대학 Rheinisch-Westfälische Technische Hochschule Aachen 생물학과에서 정교수로 일하던 학자였다. 교수를 하다가 일반 김나지움의 교장, 교감도 아니고 평교사가 된 것이다. 큰아이에게 어느 날, "우리 생물 선생님 아헨공과대학 생물학과에서 교수 중에서도 높은 직위에 있었던 분이야"라는 말을 들었을 때 내 입에서 바로 나온 말은 "대학에서 잘렸나보네?"였다. 순간 나 스스로를 통해 한국인의 자화상을 들여다보게 된 것 같아 흠칫 놀라고 말았다. 또한 말을 하고 나서는 아들 앞에서 참 많이 부끄러웠던 것 같다.

역시나 그날 나는 우리 아들한테 또 한 방 크게 얻어맞아야만 했다.

"나, 참 엄마! 꼭 잘려야 선생으로 오는 거야? 그 선생님은 스스로 나왔다고."

"왜? 교수가 그렇게 힘들대? 아님 생각보다 월급을 너무 적게 주나?"

"둘 다 아니야."

"그럼 뭔데? 무지 궁금하다, 얘."

"김나지움 교사보다 월급은 물론 많았지만 대학은 재미가 없대. 학생들과 인간적인 소통도 별로 없고 하루 종일 실험실에서 연구나 해야 하고. 뭐랄까, 뭔가 살아 있는 것 같지 않았대. 물론 교사보다 일을 더 많이 해야 한다는 것도 문제였고."

"살아 있는 것 같지 않았다고? 야, 그 선생님 정말 특이하다. 그렇다고 교수 자리를 박차고 나와서 김나지움 평교사가 되었단 말이야?"

"그게 엄마에겐 그렇게 놀라운 일이야? 난 별로 놀랍지 않던데, 자기가 매일 하는 일이 지루하고 흥미 없다면 무슨 재미로 살겠어? 그 선생님은 큰 고민도 없이 옮겼다고 하시던데? 자기는 돈도 벌 만큼 벌어봤고, 교수로서 직위도 만족할 만큼 올라가봤으니 이제는 조용히 아이들 가르치면서 여유 있게 살고 싶대."

독일인과 대화할 때마다 이들은 성공이나 명예, 부에 대한 가치 기준이 나와는 많이 다르다는 생각을 했었다. 성공이나 부를 최종적인 목표로 정해두고 달려가는 것이 아니라 행복한 삶을 위해 신나게 일하다 보니 성공도 하고 부자도 되는 것이다.

그런데 그 일이 행복한 삶과는 거리가 있을 때가 문제다. 큰아이 생물 선생님도 대학에 있을 때 그랬던 것 같다. 그러나 교사가 된 후 그는 적어도 우리 아이를 가르칠 때는 행복한 생물 선생님이었다. 독일 수능인 아비투어에서 가장 중요한 심화 과정을 생물로 선택했던 우리 큰아이 같은 학생들과는 각별히 가깝게 지냈다.

고성처럼 으리으리한 자기 집에 아이들을 초대해서 그릴 파티도 하고, 직접 유전자 조작해서 만든 나무의 열매라며, 병충해도 없는 엄청 큰 사과와 배를 따다가 아이들에게 먹어보라고 권하기도 했다.

그런데 조심성이 워낙 많은 아이들이라 절반은 용감하게 먹고 절반은 찜찜하다며 인상 쓰고 사양했단다. 그럼 선생님은 보란 듯이 "난 매일 먹는데도 이렇게 멀쩡하다"며 한입 덥석 베어 물고는 으적으적 씹어 먹었다고 한다.

또 가끔은 아이들과 함께 들로 산으로 다니며 식물 관찰도 즐겼다. 남을 칭찬하는 데도 인색하지 않지만 자기 자랑도 잘하는 독일 사람답게 자기가 박사라고 잘난 척도 엄청 했단다. "야, 나 박사야, 너보다는 내가 더 많이 알아"라면서. 큰아이 이야기를 들어보면 그가 대학 교수보다 행복한 교사인 것은 확실해 보였다.

증가하는 조기 퇴직자

작은아이 김나지움 5학년 때 담임 선생님은 항상 아프다며 결근이 잦았다. 학부모 회의 때나 학교 행사 때 보면 멀쩡한 것처럼 보이는 사람이 자주 병가를 내니 실제 아파서인지 꾀병인지 분간할 수가 없어 모두 그녀를 의심의 눈초리로 바라보곤 했다. 같은 반 학부모들끼리 따로 만날 기회가 있을 때마다 교장에게 항의라도 해야 하는 것 아니냐며 불만이 이만저만이 아니었다.

그렇게 나날이 아이들과 학부모들의 불만이 쌓여가던 어느 날 그녀는 학교를 그만두었다. 그리고 선생님이 학교를 떠난 후에야 비로소 그녀가 자주 결근할 수밖에 없었던 이유를 알게 되었다. 그녀는 수년 전부터 심한 우울증으로 정신과 치료를 받고 있었던 것이다. 병을 극복하기 위해 많은 노력을 기울였지만 수업을 감당할 수 없을 정도로 심각한 상태가 되어 일을 그만둘 수밖에 없었던 모양이다.

그동안 그녀에게 따가운 시선을 보냈던 부모들은 이 소식에 모두 가슴 아파했고 사정을 모르고 불만을 토로했던 일에 대해 미안해했다. 그녀에게 교사가 어울리지 않는 직업이었거나 심한 스트레스를 주었기에 얻은 병이었을 수도 있다. 실제 독일에서도 교사는 정신과 치료를 가장 많이 받는 직업군으로 나타날 정도로 스트레스가 심한 직업으로 분류된다. 교육 제도와는 상관없이 인간교육이란 결코 쉽지 않은 일이라는 것을 보여주는 단적인 예다.

오전 근무, 넉넉한 휴가, 시험 채점, 한정된 지식으로 먹고 사는 직업 등, 일반 독일인이 교사라는 직업을 바라보는 시각과 편견은 구체적으로 나열하기 어려울 정도로 많다. 그러나 과도한 스트레스 때문에 건강을 해칠 수도 있는 근무 환경이 부각되는 경우는 흔치 않다. 독일 교원 노조의 주장에 의하면 교사들이 앓고 있는 질병의 50%는 정신적 스트레스 때문이다.

건강을 최고의 가치로 생각하는 독일인에게 직업과 건강과의 상관관계라든지 직장 내 건강 증진책은 중요한 관심사일 뿐만 아니라 직업을 선택하는 과정에서도 간과할 수 없는 판단 기준이 될 수 있다.

1996년 제정된 독일법령에 의하면 고용주는 고용인이 직장에서 건강상 위험 요소를 안고 있다고 판단하면 이를 확인할 의무가 있다. 때문에 직장에서의 각종 스트레스 요인들은 철저히 점검해야 하고 고용주와 고용인은 적절한 교감을 통해 이의 극복을 위해 노력해야 한다.

그러나 현실적으로 적절한 대응이 이뤄지지 못하는 예는 수도 없이 많다. 대표적인 경우가 교직 사회다. 독일 교사들의 건강에 적신호가 온 지는 이미 오래되었다. 이에 대한 근거로 나타난 현상은 나날이 증가하는 조기 퇴직자 문제다.

2012년 슐리스비히 홀슈타인Schleswig-Holstein 주州 퇴직 교사 1349명 중 정년을 채운 사람은 겨우 26.5%밖에 되지 않았다. 46.6%였던 그 전해인 2011년에 비해 급격히 감소했다.

지난 2011년 뤼네부르크대학Leuphana Universität Lüneburg이 24세부터 65세까지 1300명의 현직 교사들을 상대로 정년퇴직 여부에 대해 조사 한 바에 따르면 16%의 교사들은 이미 건강상의 문제로 정년까지 근무할 수 없는 여건에 놓여 있었다. 또 44%의 교사들이 정년을 채울 수 있을지 확신할 수 없다고 답했다.

특히 여교사들이 남교사에 비해 더욱 비관적이었고 저학년일수록 조기 정년을 원하는 것으로 나타났다. 김나지움 교사 중 정년까지 일하기를 원하는 교사는 37.7%인 반면 초등 교사는 17.8%에 불과한 점으로 미루어볼 때 초등 교사의 스트레스 정도가 얼마나 높은지 짐작할 수 있다.

교사들은 스트레스의 가장 큰 원인으로 문제 학생과 개별 학생 간의 심각한 수준 차이, 과밀 학급, 시간 외 근무, 동료 교사들 간의 분쟁 등을 들었다. 특히 직업의 특성상 교사들의 스트레스는 근무 시간 안에 끝나는 것이 아니라는 데 더 심각한 문제가 있다.

30%의 독일 교사들은 학교에서 받은 스트레스 때문에 불면증에 시달

리면서 번아웃 증후군burnout syndrome, 즉 어떤 일에 지나치게 몰두하다가 신체적, 정신적으로 극도의 피로감을 느껴 무기력해지는 증상을 보이기까지 한다. 또한 이밖에도 80%의 교사가 과중한 업무로 인한 허리 통증이나 심장박동 이상, 정신적인 스트레스에 시달리고 있다고 한다.

이밖에도 네 명 중 한 명의 교사가 성대 결절이나 발성 장애 등 목소리 질환을 앓고 있으며 10%의 교사가 반복해서 결강을 할 정도로 직업병 때문에 고통을 호소하고 있다.

'교사는 다른 직업에 비해 더 많은 말을 해야 하는 직업임에도 직업교육에서 목소리를 훈련할 수 있는 과정이 없기 때문'이라는 뤼네부르크 대학 연구소 등의 주장에 따라 최근엔 몇몇 사범대학에서 교직 과정에 목소리 트레이닝 프로그램을 운영하고 있기도 하다.

독일은 교원의 건강 증진을 위해 각 주별로 대학과 연계한 활발한 연구 활동을 진행하고 있다. 지난 2011년 라인란트 팔츠Rheinland-Pfalz 주 교육부의 청탁으로 설립된 마인츠 대학병원 '교사건강연구소'는 이 지역 교육 공무원의 안전과 건강을 돌보기 위한 의료 연구 기관이다. 라인란트 팔츠 주 1700여 개 학교 4만 5000여 명의 교직원들은 스트레스로 인한 정신적, 신체적 이상 증상이나 건강 적신호가 감지되면 이 연구소에서 신속하게 상담이나 진료를 받을 수 있다.

교사 연구소는 교사들이 프로젝트에 쉽게 접근하도록 인터넷을 통해 스트레스 정도나 건강을 점검할 수 있도록 했고, 이를 통해 어떤 학교에서 어떤 교사가 긴급하게 도움이 필요한지 파악하고 신속하게 대처한다. 이를 위해 교사건강연구소에는 20여 명의 연구원들이 상시 대기하고 있다.

뿐만 아니라, 각 학교를 방문해서 강연과 세미나를 주최하기도 하며 현장에서 직접 개별 교사들의 건강 상태를 체크하고 상담을 진행하기도 한다. 이밖에도 정기적인 교사 연수나 스트레스 치료 프로그램 등을 운영하고 있다.

2005년 개설된 니더작센Niedersachsen 주 뤼네부르크대학 부설 '교사건강포럼' 역시 연수와 워크숍 개최 등 마인츠 대학병원 교사건강연구소와 비슷한 시스템으로 운영되고 있으며 이 지역 3400여 명의 교사들이 이용하고 있다. 교사건강포럼에는 학교 심리사, 의사, 법률가 등 30여 명의 전문가들이 연구와 상담, 자문에 응하고 있다. 뤼네부르크대학 교사건강포럼에 어려움을 호소하고 도움을 요청한 사례만도 8000여 건에 이른다.

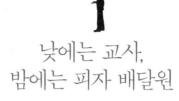

낮에는 교사,
밤에는 피자 배달원

교육 복지가 유럽에서도 최고로 잘 되어 있다는 독일, 대학교육까지 무상으로 이루어지고 있으니 누가 들어도 완벽한 시스템이라고 생각할 것이다. 그러나 교육 당사자인 학생이나 교사가 현장에서 느끼는 여건들도 최고인지에 대해서는 다양한 측면에서 생각해볼 수 있다.

특히 대외적으로 최고의 교육 복지국가인 독일에서 교사의 근무 여건이나 처우가 이에 걸맞는 수준인지에 대해서 정작 당사자들은 어떤 생각을 가지고 있을까? 독일 교사의 임금 수준은 OECD 국가 중 상위 그룹에 속한다. 그러나 그것은 정규직 교사일 경우이고 학교에서 일하는 모든 선생님에게 해당되는 혜택은 아니다.

독일 시간제 교사는 현재 독일에서 자연스럽게 받아들여지고 있는 직업의 형태로, 도입 취지에 맞게 제대로 운영되는 부분도 있지만 어떤 측면에서는 교육 복지라는 말이 무색할 정도로 심각성을 드러내고 있기도 하다. 지난 2012년에는 다섯 명 중 한 명이 정규직 시간제로 신규 채용될 정도로 계속 증가하는 추세다. 시간제 교사는 2012년과 2013년 겨울 학기를 기준으로 66만 5892명의 전체 교사 중 중고교는 39.4%, 초등학교는 46.8%를 차지한다.

근무 형태는 주별로 약간씩 차이가 있지만 통상 18세 미만의 자녀가 있거나 가족을 간병해야 할 경우, 혹은 스스로 지병으로 장기간 치료를 받고 복직했을 때 시간제 근무를 신청할 수 있다.

바덴 뷔르템베르크Baden-Württemberg 주를 예로 들면 시간제 교사는 수업 시간을 25%~73.17% 감축할 수 있다. 교사의 주당 평균 수업 시수가 스물여섯 시간인 김나지움의 경우 73.17%가 열여덟 시간에 해당되므로 주당 최저 여덟 시간만 수업할 수도 있다는 계산이 나온다.

일과 가정을 모두 지킬 수 있는 이상적인 제도인 것 같아 보인다. 그러나 이 제도의 혜택을 받으려면 감축된 시간만큼 줄어든 임금을 감내할 정도의 경제적 여유가 있어야 한다. 처음부터 정규직 시간제로 임용된 교사의 상황은 놀라울 정도다.

수년 전 라이프치히Leipzig의 한 정규직 시간제 교사가 부족한 임금을 충당하기 위해 퇴근 후 오후 5시부터 밤 10시까지 피자 배달 아르바이트를 한다는 이야기는 세간에 화제가 되기도 했다. 피자를 건네주기 위해 낯선 집 초인종을 누르고 현관문이 열릴 때 그는 종종 놀라움을 숨기지 못하는 표정을 마주할 때가 있다. 피자를 주문한 사람이 다름 아닌 자신이 가르치는 학생이었거나 학부모였기 때문이다.

학교에서는 아이들로부터 '피쟈'라는 별명으로 불리며 놀림감이 되곤 했지만 그는 "생존을 위해 시간당 4유로의 이 아르바이트를 그만둘 수 없다"고 했다. 시간제 교사의 임금으로는 4인 가족 최저 생계비조차 보장받을 수 없기 때문이다. 이밖에도 오후 시간 청소부 아르바이트를 한다는 교사의 이야기도 종종 들을 수 있다.

이런 일이 생기는 이유는 시간제 교사의 기본급이 시간을 감축한 만큼 줄어들기 때문이다. 정규직 시간제 교사의 처우 문제는 독일 교직 사회에 해결의 실마리를 찾을 수 없는 난제로 남아 있다. 1980년대 정규직 시간제 공무원 제도를 도입하기 위한 논의가 시작될 당시 독일 정부는 "일과 가정이 양립할 수 있도록 지원하는 이상적인 제도"라며 "국가는 가족을 보호해야 할 의무가 있다"고 주장하며 이 제도의 당위성을 강조했다. 그러나 1997년 전체 공무원을 대상으로 본격적인 시행을 한 이 제도는 일자리 창출이라는 면에서는 효과를 보였지만 최저 생계비조차 보장받지 못하는 가난한 직장인들을 대거 양산하고 있어 또 다른 사회 문제로 떠오른 것이다.

그러나 시간제 근무를 선택한 교사들은 임금이 감소된 만큼 근무 시간이 줄어들지 않은 데 대한 불만을 토로할 때가 많다. 교직의 특성상 수업 시간 이외에 수업 준비와 시험 채점 등을 위한 시간은 정확히 계산하기 어렵기 때문이다. 또 소풍이나 학교 행사 등 수업 이외의 시간에 어느 정도 참여해야 하는지 그 경계를 정하기 쉽지 않다며 어려움을 호소하는 경우도 있다.

CHAPTER **4**

아이에게
공부
보다
중요한 것

가장 존중받는 학생은
사회적인 사람

크게 노력하거나 돈 들이지 않고도 쉽게 학생을 변화시킬 수 있는 비법이 있다. 학생을 대하는 선생님의 자세가 약간만 변하면 시간이 지날수록 차츰 변해 있는 아이들을 발견하게 될 것이다.

'에이, 말로는 누가 못해? 현실은 달라'라고 생각하는 사람들이 많겠지만 실제로 독일 학교의 교실에서 행해지는 교육을 듣고 보면서 이것만큼은 충분히 한국에서도 쉽게 할 수 있겠다는 생각을 항상하게 된다.

우리 교실에서 최고로 대접받는 학생은 누구인지 생각해보자. 당연히 공부를 제일 잘하고 착실하고 조용하고 선생님 말씀도 잘 듣는 그런 학생일 것이다. 그에 반해 독일 학교에서 존경과 존중을 한 몸에 받는 학생은 남을 위해 봉사하고 친절하고 자기를 희생할 줄 알면서 리더십을 갖춘 사람이다. 성적은 전혀 상관없다.

독일어의 레스펙트Respekt라는 단어에는 존경과 존중의 의미가 함께 들어 있다. 레스펙트는 반드시 사람이 아니라 특정 기관이 받을 수도 있고, 여든의 할아버지가 세 살 된 아기를 향해 가질 수도 있다. 독일 교실에서 선생님과 친구들의 레스펙트를 한 몸에 받는 학생은 남을 도울 준비가 되어 있다는 의미의 힐프스베라이트샤프트Hilfsbereitschaft가 있는 '사회적인 사람eine soziale Person'이다.

우리 아이들이 좋은 친구와 나쁜 친구를 구별할 때 가장 많이 하는 말은 "그 아이는 무지 사회적Sozial이야", 아니면 "그 친구는 아주 비사회적Asozial이야"다.

여기 아이들이 습관처럼 이야기하는 조치알Sozial과 아조치알Asozial이라는 단어는 우리가 흔히 알고 있는 영어의 사회적social이라는 용어와 근본적인 뜻은 같지만 이런 경우에는 더 포괄적이고 광범위한 의미를 내포하고 있다.

'사회적인 사람'은 봉사와 희생정신, 친구와의 화합과 리더십 등 모든 면에서 타인이 인정하고 레스펙트를 가질 때 돌아오는 찬사다. 이와 반대로 가장 수치스럽고 모욕감을 주는 말은 '비사회적인 사람', '사회성이 없는 사람'이다.

Sozial과는 상반되는 의미인 Asozial에서 'a-'는 그리스어에서 온 독일어 'un-'이라는 부정의 의미다. '사회적'의 반대인 '비사회적'이라는 말이니 한자에서 부정을 나타내는 접두사 '비非-'나 '부否-' 정도의 의미라고 볼 수 있다.

남에 대한 이해나 친구 관계가 원만하지 않고 화합할 줄 모르고, 봉사정신, 희생정신 없이 자기만 아는 사람이라는 소리다. 이 말은 보통

싸울 때가 아니면 당사자 앞에서 직접 내뱉을 수 없을 정도로 강도 높은 비난이다.

아조치알은 20세기 중엽 정치적 배경에 의해 주로 사용되었다. 나치는 아무 쓸모없는 '아조치알 무리들을 청산한다'는 슬로건 아래 유대인과 동성애자, 장애인을 핍박하고 아우슈비츠Auschwitz로 내몰았다.

그 후 주로 독일 사회에서 아조치알은 거지나 히피, 노숙자, 창녀, 마약 알코올 중독자 등을 일컬었다. 아조치알이라는 말은 이러한 역사적인 배경 때문에 오늘날까지 표준말로 인정받지 못하고 속어로 통용된다. 특히 청소년들이 주로 사용하는 말이면서 고위직의 부정이나 탈세, 위법 등을 강하게 비판할 때 등장하는 表現이기도 하다.

처음 독일에 온 지 얼마 되지 않아 아이들을 학교에 보냈을 때는 '사회적인 사람'에 대한 평가가 잘 이해가 안 됐었다. 큰아이가 초등학교 때만 해도 나는 독일 교육을 제대로 이해하지 못했다. 하긴 반평생을 이 나라에 살아도 모르는 사람들이 허다하니 당연하다.

성장기에 뼛속 깊이 새겨진 생각들을 끄집어내어 폐기 처분하는 일이 결코 쉽지 않은 듯 공부만 잘하면 모두가 부러워하고 최고로 인정받는다는 사고가 여전히 내가 아는 교육이었다. 지금도 그런 생각에서 완전히 벗어났다고 자신할 수는 없지만 처음보다 많이 달라진 것은 사실이다.

세월이 지나고 아이들이 크면서 경험해보니 독일 학교에서 인정받는 최고의 학생은 우등생이 아니라 '사회적인 사람'이었다. 사회성을 제일의 덕목으로 생각하는 독일의 분위기 때문인 것 같지만 아이들의 학교생활을 상세히 들어보면 이유가 그것만은 아니다.

인간은 누구나 타인으로부터 인정받고 싶은 욕구가 있다. 아무리 '사회적인 사람'이라도 그의 선행을 주변에서 본 척도 안했을 때, 도를 많이 닦은 스님이 아니라면 자신이 옳은 길을 가고 있다는 확신이 약해질 것이다.

독일 학교에서 이런 학생들이 인정받는 가장 큰 이유는 교사가 공개적으로 최고의 학생으로 칭찬하고 스스로도 레스펙트를 갖고 다른 사람 앞에서 그 학생을 치켜세우기 때문이다. 그러다 보니 '아, 저런 사람이 제일 훌륭한 학생이구나'라는 생각이 은연중에 아이들 머릿속에 자리 잡는 것이다.

비록 한국적인 상황에서 성적 좋은 학생을 무시할 수는 없겠지만 성적은 꼴찌라도 착하고 봉사와 희생정신 투철하고 친절한 학생이 있다면 의도적으로라도 여러 아이들 앞에 가장 훌륭한 학생이라고 떠받들고 영웅시 해보면 어떨까? 이런 학생은 친구들도 모두 좋아하기 때문에 선생님이 아무리 칭찬해도 시기하거나 질투하는 사람도 많지 않을 것이다.

입시 위주의 교육에 매몰된 한국적 현실에서 '공부 잘할 필요 없어'라고 자신 있게 말할 수 있는 교사는 많지 않다. 그러나 말로 표현하지 않아도 성적보다는 인성이 바른 학생을 앞세우고 친구들에게 모범생이라는 것을 계속 강조하다 보면 아이들도 은연중에 공부보다 더 중요한 가치가 무엇인지 생각하게 될 것이다. 그러다 보면 성적 좋은 학생이 인품이 뛰어난 사회인으로 성장할 수 있는 가능성도 당연히 많아질 수밖에 없다. 이런 방법이 가장 쉽고도 확실한 교실 혁명이다.

남에게 피해주면
나도 받아야

힘없는 서민도 일방적인 희생을 강요당하지 않는 사회라면 밑바닥 인생일지라도 세상을 향한 막연한 분노는 줄어들지 않을까 싶다. 어디나 불평등과 불공정한 현실은 존재하기 마련이고 이때 피해자는 언제나 힘없고 가난한 서민일 경우가 많다.

인간이 사는 세상에서는 누군가 희생한다면 반드시 누군가는 그만큼의 이익을 보게 되어 있다. 그러니 타인의 희생으로 인해 이익을 취한 사람은 반드시 후에라도 그 빚을 갚아야 한다. 자신을 위해 희생한 당사자가 아니라도 언젠가는 갚게 되는 것이 자연의 순리이기도 하다.

그런데 살다 보면 그런 인과응보의 원칙이 제대로 지켜지지 않는 것처럼 보일 때가 허다하다. 언제나 희생을 강요당하는 계층이 있는가 하면 그 희생을 밑천으로 호위 호식하는 사람들이 있기 마련이다. 물론 물질

만능주의라는 한정된 시각으로만 보았을 때의 이야기다.

우리 아이 학교의 아비투어 구술시험 제도를 보면서 '이것도 또 다른 형태의 교육이구나'라는 생각을 했었다. 타인으로부터 도움을 받았으면 반드시 돌려줄 수 있는 마음의 자세도 알게 모르게 교육을 통해 각인될 수 있다는 생각 말이다.

내가 사는 노르트라인베스트팔렌Nordrhein-Westfalen 주는 아비투어 네 과목 중 한 과목은 반드시 구술시험으로 치르게 되어 있다. 필기시험이야 계속 연습을 하니 어느 정도 예측이 가능하지만 구술시험은 다르다. 보통 아이들은 자신이 선택한 심화 과정 네 과목 중 가장 자신 없는 과목을 구술시험으로 본다고 한다. 우리 아이는 수학과 생물, 영어, 역사를 아비투어 과목으로 선택했고 그중 역사를 구술시험으로 선택했었다.

구술시험은 일반 필기시험과는 달리 현장이 가장 중요하다. 때문에 다음 해에 아비투어를 볼 학생들은 보통 자신이 선택한 과목의 구술시험이 어떻게 진행되는지 궁금해한다. 그런 학생들에게는 선배들의 아비투어 구술시험 현장을 참관할 수 있는 기회를 부여한다.

그런데 막상 수험생 입장에서는 나름 인생에서 중요한 순간인데 채점관이 아닌 다른 학생이 옆에 있다면 방해를 받을 수도 있고 이 때문에 후배의 참관을 원치 않는 학생들도 많을 것이다. 그러나 스스로 원치 않아도 거부할 수는 없다. 만약 자신이 선배의 구술시험에 참관했었다면 자신의 시험 장면도 후배 중 누군가에게는 공개해야 하기 때문이다.

큰아이도 바로 위 학년 선배의 아비투어 역사 구술시험에 참관했었다. 그 때문에 우리 아이는 자신의 시험도 후배에게 공개해야만 했다. 중요한 시험에 관계없는 사람이 동석하면 방해될 것 같아서 아예 참관 신청을 하지 않는 학생들도 많다. 내가 받고자 한다면 반드시 돌려줄 마음의 준비를 먼저 해야 하기 때문이다.

지난 학기에 우리 아이가 아비투어 역사 구술시험에 참관한 학생은 큰아이 선생님의 딸이었다고 한다. 시험이 끝나자마자 선생님이 큰아이에게 달려와서 "우리 딸 시험 잘 봤냐?"고 묻더란다. 그래서 "음, 떨어지지는 않을 것 같기는 한데…"라며 은근히 약을 올리며 애간장을 태웠다고 한다. 사실은 아주 잘 보았다는데 말이다.

노르트라인베스트팔렌 주 아비투어 구술시험은 한 시간이다. 그러나 시험 시간이 칼로 무 자르듯 정확하게 정해져 있는 것이 아니라 한 시간 정도라고 해야 정확하다. 수험생의 답변이 길어지면 약간은 길어질 수도 있고 답변이 짧은 학생은 한 시간이 못 되어 끝날 수도 있기 때문이다. 대략 한 시간 동안 세 명의 교사 앞에서 평가를 받게 되는데 그중 한 사람은 그동안 학생을 직접 지도했던 담당 선생님이다.

일단 시험장에 들어가면 상급 학년에서 배운 내용 중 한 주제에 대한 장문의 텍스트와 함께 세 문제 정도가 출제된 문제지를 받게 되고, 수험생은 빈 교실에 들어가 30분 동안 스피치 자료를 만든다.

1. 텍스트에 관한 정리와 요약 분석
2. 텍스트와 연결한 과목의 전체적인 지식 정리
3. 텍스트에 대한 주관적인 생각

주관적인 생각에서는 주어진 텍스트가 역사면 역사관이 나와야 할 것이고, 철학이면 자신의 철학이 나와야 한다. 자연과학도 마찬가지다. 예를 들어 방사능에 관한 주제가 물리 시험에 나왔다면 마지막에는 자신이 핵 반대론자인지 찬성론자인지를 밝히고 정확한 근거를 제시해야 한다.

이 세 가지 문제에 대해 30분 동안 준비한 자료를 가지고 세 명의 선생님 앞에서 15분 동안 발표하는 과정이 1차 시험이다. 15분의 발표를 마치면 수험생은 또 다시 15분 정도 예문과 직접 관련된, 혹은 상관관계에 있는 과목의 전반적인 내용에 대한 질문을 받는다.

그런데 시험이 참 흥미롭다. 큰아이가 들려준 구술시험 방법은 내게는 의외였다. 처음에 내가 예측했던 내용의 정확성과 풍부한 배경지식이 평가의 키포인트가 아니었다. 아무리 많이 알고 있어도 발표자가 갖추어야 할 기본적인 자세에 익숙하지 않으면 좋은 성적을 기대하기 어렵다고 한다. 발표 태도와 의사 전달 능력, 눈빛, 손짓, 시간 안배 등 의외로 스피치의 테크닉이 중요한 평가 항목이었다.

생각해보니 이런 형태의 시험은 독일 교육 방식과도 맥이 닿는다. 독일에서는 아무리 혼자 열심히 공부해서 시험을 완벽하게 봐도 수업 시간에 침묵하는 학생은 좋은 성적을 얻을 수 없을 정도로 발표력을 중요하게 생각한다. 공부를 잘한다는 것은 책상을 지키며 외우는 암기와 문제 풀이가 아니라 수업 시간에 쉬지 않고 입을 여는 일이기도 하다. 그 과정에서는 지식도 물론이지만 태도와 자세도 중시된다.

책임감 있는
아이 위한 가정교육

자식교육, 정말 쉽지 않다. 무엇이 올바른 가정교육인지, 겨우 아이가 둘밖에 없는데도 키울수록 정답을 모르겠다. 특히 아이들에게 책임감을 키워주기 위해서 때론 매정한 엄마가 되어야 할 때도 있지만 아차 하는 순간에 놓쳐버리곤 한다.

얼마 전 어떤 젊은 독일 엄마가 자식을 가르치는 장면을 보며 나를 돌아보았다. 과연 나라면 이와 같은 상황에서 어땠을까?

작은아이와 밖에서 아침을 먹으며 보았던 일이다. 그날은 방학이라 실컷 늦잠을 자고 산책 겸 동네에 있는 맥도날드 햄버거 집에 갔었다. 아침부터 햄버거에 감자튀김을 마주하고 앉은 우리 아들은 아주 행복한 얼굴이었다. 건강에 좋든 나쁘든 아이들은 감자튀김과 햄버거라면 언제나 환영이니 가끔 기분 전환 겸 가곤 한다.

　우리 옆자리에 세 살짜리와 대여섯 살 남짓해 보이는 남자아이 둘을 데리고 온 젊은 엄마가 앉았다. 아이들은 양손에 해피밀이라는 어린이 메뉴를 들고 신이 나서 뛰어오더니 앉자마자 해피밀 봉투를 뜯었다. 맥도날드에 갈 때마다 아이들이 어린이 메뉴에 들어 있는 작은 장난감에 유혹당하는 모습을 보면서 아주 훌륭한 상술이라는 생각이 들었다.

　우리 아이도 몇 년 전까지만 해도 장난감 받는 재미에 맥도날드를 좋아했었다. 아이는 여러 개의 장난감 중 하나만 골라야 하니 항상 계산대 앞에서 고민을 했다. 이것도 갖고 싶고 저것도 갖고 싶으니, 고르고 나서 남의 떡이 더 커 보인다고 다른 아이들이 받아온 것과 비교하며 후회도 많이 했던 것 같다.

　그날 본 젊은 엄마의 큰아이도 비슷했다. 동생은 어려서 그런지 아무것도 모르는 양 생글생글 신이 나서 가지고 노는데, 형은 자리에 앉아 비교해보니 동생 것이 더 좋아 보였던 모양이다.

　"엄마 나 이거 바꾸고 싶어, 나도 동생이랑 같은 거 갖고 싶어"라고 애처로운 얼굴로 엄마를 바라보며 동의를 구했다. 그런데 엄마는 매정하게도 안 된다며 한마디로 자른다. 그리고는 왜 안 되는지에 대해 아이에게 설명하기 시작했다.

　"잘 생각해봐. 넌 계산대 앞에서 충분히 시간이 있었어. 한참 동안이나 생각하고 또 생각해서 선택한 거잖아."

　아이는 그래도 포기하지 않고 다시 한번 졸랐다. 이번엔 자신이 잘못 말한 것이라고 우기기까지 했다.

"그래도 바꾸고 싶어. 난 저게 더 좋단 말이야. 내가 장난감 이름을 잘못 말한 것 같아."

"넌 이미 학교에 다니잖아. 충분히 그 정도는 읽을 수 있는데도 잘못 말한 건 네 책임이야. 이번엔 그걸 갖고 다음에 다시 올 때는 생각해서 선택하도록 해. 알겠니?"

한 번쯤 더 보채는 것 같더니 아이는 이내 수긍을 하고 받아온 장난감 봉투를 뜯더니 언제 그랬냐는 듯 재미있게 놀았다. 신기하게 징징거리지도 않고 금방 현실에 적응했다. 더 이상 이야기해도 엄마가 분명 들어주지 않을 것이라고 생각했는지 포기가 빠른 것 같았다. 테이블 건너편에는 언제라도 바꿔줄 준비가 되어있는 점원이 엄마와 아이의 대화를 들으며 빙그레 웃고 있었다.

그 광경을 찬찬히 지켜보며 '나라면 어땠을까?' 생각해보았다. 작은아이가 어릴 때도 비슷한 일이 더러 있었다. 자리에 가지고 와서 다른 장난감이 더 좋아 보인다고 후회하면 내 반응은 세 가지였던 것 같다.

"그러게 잘 좀 생각하지. 어떤 거라고? 이리 내, 내가 바꿔올게"라고 하는 친절한 엄마.

"야, 그게 더 좋아 보이는데 뭐 하러 바꿔? 이리 내봐 멋지다, 얘"라고 하는 얼렁뚱땅 엄마.

"네가 잘못 선택한 거니까 네가 직접 가서 바꿔." 나름 아이에게 책임감을 심어주고자 하는 엄마.

나는 항상 위의 세 가지 유형에 그쳤던 것 같다. 책임감도 중요하지만 교환하는 데 돈이 드는 것도 아니고, 또 이왕이면 아이가 원하는 것을 갖게 해주고 싶은 엄마의 마음이 먼저였던 것이다.

보기에 따라서는 냉정해 보일수도 있지만 확실하게 자기 행동에 대한 책임 의식을 심어주고 있는 젊은 독일 엄마의 자식교육이 내가 미처 생각지 못한 부분이라서인지 신선하게 다가왔다.

내 아이에게 부족함 없이 모두 주고 싶은 엄마의 사랑이 과연 자녀교육을 위해 얼마나 큰 도움이 될까 의문이 들기도 했다.

폭력에 대처하는
가정교육

아이들이 유치원을 다닐 때는 산책도 할 겸 시간만 나면 동네 놀이터에 데리고 나가곤 했었다. 특별히 사교육을 시키지도 않아서 12시에 유치원이 끝나고 저녁까지는 시간이 참 많았다. 그때는 아이 때문에 놀이터에 갈 때마다 독일 엄마들과 이야기할 기회가 많았던 것 같다.

놀이터에서 아이들 노는 모습을 지켜보면 독일 엄마 혹은 아빠 들은 청결에 대한 개념이 우리와는 많이 다르다는 것을 발견할 때가 있다. 이들은 아이들과 함께 잠시 나갈 때도 음료와 약간의 간식거리를 싸가지고 다닌다. 독일 바게트인 브뢰첸Brötchen이라는 딱딱한 흰 빵을 들려주기도 하고, 놀다가 아이들이 달려오면 과자나 과일 등을 내어준다. 나도 처음엔 준비 없이 무심코 나갔었지만 시간이 지나다 보니 습관처럼 간식을 준비하곤 했다.

우리 아이도 어릴 땐 마찬가지였는데, 보통 어린 아이들은 아직 손아귀가 야물지 않아 먹던 과자나 과일을 자주 모래밭에 떨어뜨리곤 한다. 그런데 문제는 그걸 버리지 않고 습관적으로 주워서 다시 입으로 가져간다는 것이다.

'흙 묻은 과자를 다시 입으로?' 나는 그럴 때마다 기겁을 하며 달려가 빼앗아버리고 새것을 쥐어주곤 했었다. 그런데 참 이상한 것이 보통의 독일 부모들은 땅에 떨어뜨린 과자나 빵 조각 같은 것을 다시 주워 먹어도 별로 놀라지 않았다. 심지어 어떤 엄마는 모래밭에 떨어뜨린 빵을 툭툭 털어 다시 주기도 했다.

'이 사람들 청결 개념이 너무 없는 것 아니야? 어른도 아니고 면역력이 약한 아이들인데.' 처음엔 신기해서 쳐다보곤 했었다. 아이들 간식도 껍질을 벗기지 않고 뚝뚝 쪼개온 사과나 배, 영양가 없는 브뢰첸이나 튀밥으로 만든 크래커를 물려주기 일쑤였다.

멀리서 노는 모습을 간간히 지켜보기는 하지만 별로 참견하지도 않고, 어디나 마찬가지이듯 많은 독일 엄마들도 자기네들끼리 수다 떠는 데만 열중한다. 아이는 모래 범벅이 된 과자를 주워 먹고 있는데도 말이다.

그런데 그런 무신경한 부모들이 불같이 뛰어오는 때가 있다. 자기 아이가 남의 물건을 빼앗거나 때렸을 때다. 물론 아이가 울면 뺏긴 아이나 맞은 아이 엄마도 달려오지만 확실하게 눈에 띄는 모습은 때린 아이 엄마의 태도다. 누가 있건 없건 아이는 그 순간 엄마에게 매섭게 지적당하며 꾸중을 듣는다.

작은아이가 세 살 때였다. 독일에 살면서는 날씨가 맑은 날이면 집에 가만히 앉아 있지를 못한다. 목적 없이 무작정이라도 어디론가 가야만 할 것 같다. 아무래도 햇빛이 적은 나라다 보니 드물게 해가 나오면 너나 할 것 없이 거리로 쏟아져 나온다. 윈도우쇼핑을 하건 산책을 하건 밖에서 할 일들을 찾아나서는 것이다. 이런 날 어린아이가 있는 집은 흔히 가족이 함께 놀이터를 찾는다.

햇볕이 아주 좋은 5월 어느 날이었다. 아이와 간식거리를 챙겨 놀이터에 갔다. 큰아이나 작은아이나 천성이 조용한 우리 아이들은 놀이터에서나 유치원에서나 친구와 싸워서 문제를 일으킨 적은 없었다. 워낙 조용하다 보니 맞는 일도 별로 없었던 것 같다. 그런데 그날은 함께 놀던 친구에게 자기 장난감을 지키려다가 그만 머리를 한 대 얻어맞아 울음보가 터지고 말았다.

그런데 때린 아이가 엄마에게 어찌나 심하게 혼이 나는지 맞은 건 우리 아이였는데도 오히려 미안한 마음이 들 정도였다. '저 어린아이가 알아듣기나 할까?'라는 의문이 들 정도로 왜 남의 물건을 빼앗으면 안 되는지, 왜 남을 때리면 안 되는지 장황하게 연설을 늘어놓았다. 어찌나 따끔하게 혼을 내는지 좀 심하다는 느낌이 들 정도였다.

그리고 아이와 놀이터에 나갈 때마다 자주 그런 모습을 보게 되면서 이 사람들이 자식을 키우는 데 가장 중요하게 생각하는 것이 무엇인지 알게 되었다. 내가 만났던 비슷한 또래의 아이들을 키우던 부모들은 분명 입는 것이나 먹는 데는 크게 신경 쓰는 것 같지 않았다. 놀이터에서도 아이들을 멀리서 바라볼 뿐 사사건건 간섭을 일삼지도 않았다.

그런 부모들이 정신없이 달려와 참견할 때는 자기 아이가 다른 아이를 때렸다든지 피해주는 행위를 저질렀을 때다. 우연히 내 주위에만 그런 부모들이 많았던 것은 아니다. 작든 크든 폭력에 대해서는 정상적인 부모라면 대부분 엄격하게 훈육한다.

물론 인간은 모두 다르다. 폭력에 대처하는 부모의 자식교육도 개인에 따라 차이를 보인다. 그러나 내가 놀이터에서 본 유치원 연령의 아이를 키우는 대부분의 독일 부모들은 이렇게 교육시키고 있었다. 직접적인 폭력이 아니라도 독일 아이들은 폭력에 준하는 모든 행위에 대해 어릴 때부터 지적받는 일이 일상화되어 있을 정도다.

갖가지 재미있는 캐릭터로 분장을 하고 화려한 퍼레이드를 벌이는 로젠몬탁Rosenmontag이라는 축제가 있는데, 이때가 되면 퍼레이드에 참여하는 사람이 아니더라도 모두가 분장을 하고 즐긴다. 축제 기간 동안에는 분장을 하고 등교를 하기도 한다.

이럴 때 특히 유치원이나 초등학교 저학년 남자아이들은 카우보이 분장을 많이 한다. 가죽조끼를 입고 챙 넓은 모자를 쓰고 옆구리에 총을 찬 카우보이가 남자답고 멋있어 보여서인지 우리 아이들도 한 번씩은 했던 것 같다.

그런데 카우보이 분장을 하고 유치원이나 학교에 가는 날이면 총 때문에 하루 종일 선생님의 잔소리를 들어야 한다. 카우보이 복장을 하고 총을 옆구리에 차면 '탕탕탕' 하고 서로 쏘면서 노는 재미가 있어야 하지만 그런 놀이는 유치원, 학교, 집 모든 곳에서 엄격하게 금지당하기 마련이다.

남을 향해 총구를 겨누고 쏘는 몸짓은 흉내를 내어서도 안 되는 것이 폭력에 대한 독일의 가정교육이자 학교교육이다. 결국 아이들은 멋지게 차려입고 옆구리에 총을 차기는 했지만 제대로 카우보이다운 폼은 잡아보지도 못하고 어른들에게 잔소리만 실컷 듣다가 하루가 지나간다.

별것 아닐 수도 있는 놀이 하나에도 이처럼 예민하게 반응하니 아이들은 무의식중에 폭력이나 남에게 피해주는 행위에 대해 거부감을 가질 수밖에 없을 것이다. 그러다 보니 평범한 독일 가정의 아이들은 어릴 때부터 폭력이 아주 심각한 문제라는 것을 인식하며 자라게 된다.

CHAPTER **5**

철저히
보호받는
아동의
인권

진정한 학생의 휴식권

독일에 온 지 두 해가 지나 큰아이가 초등학교에 입학했을 때다. 학기가 시작한 지 두 달여가 지나자 학부모 회의가 열렸다. 학생이 초등학교 1학년이면 부모도 딱 1학년 수준이다. 초등학교 1학년 학부모들이라서인지 아이가 새롭게 인생을 시작할 학교라는 공간에 대한 기대도 남다르고 이것저것 궁금한 일이 너무 많아 보였다. 그런데 그날 나온 많은 이야기 중에 가장 기억에 남는 주제는 숙제였다.

학교에서 숙제를 너무 많이 내준다는 것이다. 처음 한 엄마가 "아이가 많은 시간 숙제 때문에 책상에 앉아 있다"며 운을 떼자 여기저기서 불만이 터져 나왔다. "맞아요. 우리 아이도 오늘 독일어 숙제를 한 시간이나 했어요", "우리 아이는 어제 수학 숙제를 40분 넘게 하고 있더라고요"라며 담임 교사에게 이유를 따져 물었다.

큰아이 때도 그랬고 작은아이 때도 그랬다. 특히 초등학교와 김나지움 저학년 때는 학부모 회의 때마다 등장하는 단골 메뉴다. 자주 나오는 말이고, 불만과 문제 제기가 이어지지만 결국엔 개인차로 귀결된다. 숙제의 많고 적음이 아니라 소요 시간에는 개인차가 많기 때문에 답이 있는 토론은 아니었다. 거론될 때마다 '그 학년에 맞는 절절한 숙제를 내주고 있다'는 담임교사의 의중을 확인하는 정도에서 끝이 난다. 일부 아이들의 개별성을 일반화해서 문제를 제기하지만 결국 설득력을 얻지 못하곤 했다.

독일 부모들은 도대체 왜 이렇게 숙제에 민감할까. 항상 궁금했다. 대부분 공부 때문에 학원을 보내는 것도 아니고 과외를 시키지도 않으면서 아이가 책상에 앉아 있는 시간을 계산이라도 한 듯 숙제가 너무 많다고 따져 물었다. 처음엔 부모들의 이런 분위기가 생소하면서도 '어떤 교육적인 근거가 있기 때문일까?'라는 의문이 들곤 했었는데 과중한 숙제가 아이들의 놀 권리를 침해한다는 문제 제기는 알고 보니 구체적인 법규를 근거로 한 것이었다.

"학생은 건강하고 개성 있는 자아의 형성·발달을 위하여 과중한 학습 부담에서 벗어나 적절한 휴식을 누릴 권리를 가진다. 학교의 장 및 교직원은 학생 의사에 반하여 정규 교과 외의 교육 활동을 강요함으로써 학생의 휴식권을 침해하여서는 아니 된다."

곽노현 서울시 교육감 재임 당시 서울특별시 학생인권 조례에 들어 있던 학생의 휴식권에 관한 조항 중 일부다. 한국에서는 지나치다, 맞다, 틀리다 말들도 많았지만 독일에 비하면 많이 부족하다. 어느 정도가 적절한 휴식인지 분명한 경계를 밝혀두지 않고 막연히 휴식권이라고 하면 귀에 걸면 귀걸이 코에 걸면 코걸이다.

독일 노르트라인베스트팔렌 주의 학교법은 학생의 휴식권을 위해 숙제의 분량과 수준까지 규정해두고 있다.

"숙제는 개별 학생의 수준에 적절해야 하며 스스로 할 수 있는 수준이어야 한다. 토요일과 일요일 주말에는 숙제를 내주어서는 안 된다. 숙제는 월요일부터 금요일까지만 내줄 수 있다."

또 숙제의 분량을 보다 분명하게 명시하기 위해 "초등학교 1~2학년은 30분, 3~4학년은 40분, 5~6학년은 90분, 7~10학년은 120분 정도가 소요될 분량이어야 한다"고 규정한다.

또 "숙제의 분량을 위해서 담임 교사는 담당 교사와 의견을 교환하며 적절 선에서 조절하기 위해 노력해야 한다"고 되어 있다.

'숙제가 그렇게 큰 공부야? 휴식권과 별 상관없는 것 같은데?'라고 생각할 수도 있겠지만 독일 학생들에게는 숙제가 방과 후 공부의 전부일 경우가 많기 때문에 휴식과 직결된다. 우리 아이들도 시험 하루 전날 정도가 아니면 숙제만 하고 전혀 다른 공부는 하지 않는다. 과외도 없고 학원도 다니지 않는다. 그러니 휴식권을 이야기할 때 숙제의 분량을 강조할 수밖에 없는 것이다.

그러나 대부분의 독일 교사들은 정확하게 아이들에게 숙제를 부과하고 있다. 초등학교 때 숙제가 많다고 부모들이 항의하면 교사들은 오히려 '초등학교 1~2학년 때는 평균 30분 정도면 충분히 할 수 있는 분량이고 난이도'라며 아이가 숙제에 집중하지 않고 다른 짓을 하는 것은 아닌지 주의를 기울여보라며 부모에게 부탁하곤 했다. 나중에 알고 보니 독일 교사들은 학생의 휴식권이 법에 구체적으로 정해져 있기 때문에 임의로 숙제를 많이 내줄 수 없었다.

그럼에도 학부모들이 계속해서 이의 제기를 멈추지 않는 이유는 학교법의 "숙제는 개별 학생의 수준에 적절해야 하며"라는 문구 때문이다.

사실 법대로라면 교사는 개별 학생의 능력에 맞는 숙제를 차별화해서 부과해야 한다. 그러나 한 사람당 30명 가까이 되는 학생을 통솔하는 일은 독일도 역시 쉽지 않다. 독일 교육 재정도 핀란드나 스웨덴과 같은 다른 북유럽 국가들에 비해서는 턱없이 부족하기 때문에 현실적으로는 불가능한 일이다. 그러나 법에는 분명 명시되어 있으니 보통 교사들은 아이들의 수준을 하향 평준화해서 숙제를 내주곤 한다.

또한 독일에서는 일주일에 두 과목 이상 시험을 보지 않는다. 서울특별시 학생인권 조례는 학생의 휴식권을 이야기하면서도 시험 기간에 대해서는 언급하지 않고 학습권 안에 뭉뚱그려 놓았다.

"학생은 다른 학생과 비교되지 않고 정당하게 평가받을 권리를 가진다. 교육감 및 학교의 장은 학생들을 과도하게 경쟁시켜 학생들의 학습권 및 휴식권을 침해하지 않도록 하여야 한다."

평가에 대해서도 '정당하게 평가받을 권리'만 이야기 했지, 어떻게, 어떤 방법으로 평가받아야 정당한지에 대해서는 다루지 않았다.

이 이야기를 하려니 학교 때 시험 시간이 생각난다. 보통 우리는 중간고사나 기말고사, 일제고사 등 모든 시험을 기간을 정해두고 몰아서 본다. 3~4일 정도 수업 없이 시험만 보는 것이다. 그 중요한 수능도 하루에 봐치우니 중간고사, 기말고사는 말할 것도 없다.

이런 이야기를 독일 교사나 학생들에게 들려주면 놀라서 눈을 동그랗게 뜬다. "아니 어떻게 한꺼번에 그토록 많은 시험을 볼 수 있냐? 어떻게 학생에게 그렇게 심한 정신적 혹사를 강요할 수 있냐?"며 비인간적이라고 혀를 내두른다.

나는 독일에 오기 전까지는 이에 대해서 단 한 번도 의문을 가져본 일이 없었다. 하루 네 시간, 연달아 시험을 보고나면 얼굴이 벌겋게 달아올라 머리가 멍한 상태라 아무것도 생각할 수 없었다. 몇 시간 죽도록 집중하고 나면 하늘이 노래지고 별까지 보일 때도 있었지만 그러한 방법들이 잘못되었을 것이라고 의문을 가져본 일이 없었다.

그런데 이러한 시험 방법이 지난 시대의 유물이 아니라 현재 진행형이라는 사실이 안타깝다. 우리의 교육 현장에는 지금도 여전히 이루어지고 있으니 말이다. 학생인권 조례안에도 들어가 있지 않은, 지금도 인식하지 못하고 있는 시험 방법, 사실은 엄청난 인권 침해다.

주별로 약간의 표현 차이는 있지만 독일 대부분 주의 학교법은 "시험은 일주일에 두 과목 이상, 하루에 한 과목 이상은 볼 수 없다"고 규정한다. 때문에 아이들은 교사가 시험 날짜를 정할 때 다른 과목과 시간차를 맞추지 못하면 당장 항의한다. 독일 아이들은 학생의 인권에 대해 아주 분명히 알고 있기 때문이다. 물론 이 법은 독일 수능시험인 아비투어에도 적용된다.

가정에서의 체벌도
법으로 금지

자식을 낳아서 자기 스스로 삶을 책임질 수 있을 때까지 양육한다는 것은 결코 쉬운 일이 아니다. 어리면 어린대로 바람 잘 날 없고, 크면 큰 대로 잊을 만하면 굵직한 사고를 한 번씩 터트린다.

답답하고 복장이 터져도 때리지 않기 위해서는 하루에도 수없이 '저 걸 확! 어휴!' 하며 가슴을 치면서 참아야 한다. 부모란 직업은 도 닦을 자세가 아니고서는 해낼 수 없는 복잡한 업무의 연속이다.

어릴 때 부모님을 따라 성공한 먼 친지의 집을 방문했었다. 근사한 한옥에 살고 있던 주인아저씨는 근엄하고 무게가 있어 포스부터 시작해서 학식이며 경제력이며 평범한 사람은 아닌 것 같았다.

그 집 대청마루에 들어서며 가장 먼저 눈에 들어온 것은 벽에 걸린 회초리였다. 마치 장식용으로 걸려 있는 것처럼 보이는 회초리는 기름이라도 칠했는지 반질반질하게 윤기가 났다. 한 대 맞으면 살에 착착 감겨서 무척 아플 것 같았다.

"회초리를 벽에 걸어 놓았네요. 참 오랜만에 보네요. 우리 어릴 때는 있었지만 이젠 없어진 풍경인데…."

아버지가 지난날을 회상하듯 신기하게 쳐다보며 입을 열자, 아저씨는 교육에 대한 자부심이 가득 묻어나는 목소리로 회초리를 벽에 걸어놓게 된 연유를 설명해주셨다. 자신의 부모로부터 자신도 그렇게 자랐고 자식교육에 매가 없어서는 안 된다는 것이었다.

벽에 회초리를 걸어 둔 것은 마음을 항상 단정히 하고 자신의 잘못을 스스로 돌아보게 하는 교육적인 효과 때문이란다. 아이들이 잘못을 하면 스스로 벽에 걸린 회초리를 가져오게 해서 종아리를 때린다고 했다.

당시엔 왜 아저씨의 교육이 그렇게 멋있어 보였는지 모르겠다. '이것이 바로 진정한 사랑의 매구나'라며 감탄했었다.

그런데 아저씨가 만일 이런 말을 독일 사람에게 들려주었더라면 어땠을까? 말할 필요도 없다. 눈을 휘둥그레 뜨고 입을 다물지 못했을 것이다. 만일 아이가 회초리에 맞았다는 사실이 알려지기라도 하면 당장 경찰을 부르고도 남을 사람들이다. 이웃에서 아이 우는 소리가 심하게 나기만 해도 혹시 부모가 때리는 것은 아닌지 귀 기울이다가 울음소리가 멈추지 않으면 신고하는 사람들이다.

학교 체벌에 관한 주제는 더 이상 독일에서는 논쟁의 대상이 아니다. 그 예를 찾아볼 수 없기 때문에 이야기할 필요조차 없고 법적으로도 철저한 장치가 마련되어 있다. 이는 가정도 예외는 아니다. 가정에서 역시 내 자식이라고 함부로 손을 올릴 수는 없다. 그러나 독일에서도 그런 법적인 장치나 사회적인 분위기와는 반대로 여전히 가정이라는 울타리에 숨어 아이를 폭력으로 다스리는 부모도 더러 있다고 한다.

독일 마르틴루터 할레비텐베르크대학 법학과의 카이 부스만Kai Buss-mann 교수에 의하면 부모가 자식을 때리는 이유의 대부분은 교육적인 차원 때문이 아니라 스트레스와 무기력 때문이라고 한다. 교육적인 수단으로써의 체벌이 아니라 자신의 감정을 못 이겨 행하는 폭력이라는 것이다.

또한 자식을 체벌로 가르치는 부모의 공통점은 스스로 어릴 때 부모로부터 체벌을 당했거나 폭력에 방치되어 자란 어른들이며, 남자아이가 여자아이보다 체벌을 더 많이 받고 있고, 많은 자녀를 둔 부모가 외동을 둔 부모보다 체벌이 잦은 것을 보면 체벌과 부모의 스트레스와의 연관성을 유추해낼 수 있다.

독일 주간 교육 잡지인 《포커스슐레Focus-Schule》의 설문 조사에 따르면 4%의 독일 부모가 폭력에 가까운 심한 체벌을 하고 있는 것으로 드러났는데 이는 가정 내 체벌이 법으로 금지되기 전 6%였던 것에 비해 낮아진 것이라고 한다. 또 엉덩이를 한 대 때리는 중간 정도의 체벌은 6%, 따귀를 때리는 정도는 1%로 나타났다. 그나마 법의 제정을 통해 가정

체벌이 현저히 줄어든 것이다.

독일은 2000년부터 '어린이는 가정 내에서도 폭력 없는 교육을 받을 권리가 있다'고 명시해두고 체벌을 가한 부모를 법으로 다스리고 있다. 그런데 90% 이상의 독일 부모들이 이 법을 찬성하고 있음에도 실상은 그렇지 못하다는 데 문제가 있다.

설문 결과에 의하면 3분의 1 정도의 부모만이 법에 저촉되지 않은 교육을 하고 있고 절반이 넘는 가정에서 가볍게 신체를 때린다든지 심지어 뺨을 때리는 행위까지 하고 있다. 가벼운 체벌 이외에 매를 들고 때리는 부모도 14%나 된다고 한다.

이는 지역에 따라 차이가 현저하다. 서독 지역은 구동독에 비해 독일 전체 체벌 부모 통계의 절반 정도에 머문다. 독일의 상황도 놀랍지만, 가정 내 체벌 금지가 법으로 규정되어 있지 않은 프랑스는 독일보다 체벌 비율이 현저히 높다고 한다.

이 조사는 법의 중요성을 보여주는 좋은 예다. 1978년부터 이미 '폭력 없는 교육을 받을 청소년 인권법'이 제정된 스웨덴을 비롯한 스칸디나비아 반도의 나라들은 독일보다 어린이 성폭력이나 가정 내 체벌 사고가 현저히 낮은 것으로 나타났다. 독일도 스칸디나비아 나라들을 모델로 뒤늦게나마 지난 2000년 '폭력 없는 교육을 받을 청소년 인권법'을 제정했다.

법은 의식을 변화시킬 수 있다고 한다. 법의 존재 이유는 위반 시 처벌하기 위한 것이 아니라 사람들의 의식을 올바른 방향으로 변화시키는 지표라는 점에 있다.

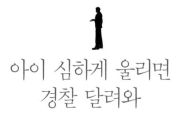

아이 심하게 울리면
경찰 달려와

아동 폭력에 대한 독일인들의 생각은 단호하다. 학교에서의 체벌은 상상도 할 수 없고 법적으로도 철저히 처벌받도록 규제하고 있다. 그러나 독일 또한 가정 폭력은 똑같은 법이 적용되더라도 특유의 폐쇄성으로 감시 기능이 미약할 수밖에 없다. 물론 아무리 남의 가정사라도 아이가 맞고 있다는 사실이 밖으로 드러나면 그냥 지나치는 사람은 거의 없다.

독일도 아이를 체벌로 훈육하는 부모들이 더러 있다. 그러나 교육적 체벌이라는 말 자체가 더 이상 존재하지 않는 독일에서 체벌은 이유 여하를 막론하고 범죄 행위다. 그러다 보니 더 은밀하게 자행될 수 있다는 것이 문제이기도 하다.

한국에서는 부모나 교사나 죄의식 없이 떳떳하게 회초리를 휘두르는 경우가 많다. 그와 반대로 독일인은 누구라도 체벌은 범죄라는 사실을 명확히 알고 있다. 그러다 보니 보통 아이를 심하게 때리는 부모일수록 평범하지 않은 경우가 많다. 범죄임을 인식하고 행하는 사람들이니 그 성향이 어떨지는 짐작하고도 남는다.

남들이 보는 앞에서 엉덩이 철썩철썩 때리는 옛날 우리네 부모들의 체벌과 굳게 닫힌 창문 안에서 일어나는 아동 폭력은 차원이 다를 수도 있다. 이들은 자기 자식을 때리면서 가장 먼저 남을 의식한다. 이유는 무식해 보이는 것이 싫어서도, 창피해서도 아니다. 아이의 비명소리가 났을 때 무심코 지나칠 이웃이 없다는 것을 잘 알고 있기 때문이다.

외국인들 중에 자식을 때리다가 이웃으로부터 경찰에 신고당하고 억울함을 호소하다가 언론에 오르내리는 경우가 가끔 있다. 그들은 자기 나라에서는 가능한 일이 왜 이 나라에서는 안 되는 것이냐고 항의한다. '우리에게 매는 폭력이 아니라 사랑'이라고 문화의 차이를 하소연하지만 독일 법은 결코 용서하지 않는다. 내 자식이니 내 마음대로 할 수 있다고 생각하다가 독일 와서 범죄자 취급받는 외국인들이 종종 있다.

얼마 전 한국으로 돌아간 잘 알고 지내던 지인이 있었다. 외동딸을 금지옥엽 키우던 부부였는데, 아이 성격이 참 특이했던 모양이다. 평소에는 조용하고 차분한 아이가 한번 울기 시작하면 마치 누가 옆에서 때리거나 꼬집는 것처럼 비명을 지르며 좀처럼 그치지 않았던 모양이다.

이 부부는 손찌검은커녕 불면 꺼질까 쥐면 터질까 애지중지, 하나밖에 없는 딸내미가 예뻐서 어쩔 줄 몰라 하던 사람들이었다. 그런데 이상한 것이 두 사람 모두 아이가 울면 얼른 일어나서 창문 먼저 닫았다. "애가 우는 건 당연한 일인데 왜 그렇게 열심히 창문을 닫느냐"고 물었더니 사연이 재미있다.

독일 온 지 얼마 되지 않았을 때 아이가 아무리 달래도 소리소리 지르며 울기에 울 테면 맘껏 울어보라고 내버려두었다고 한다. 20~30분 정도 고집을 피우던 아이가 간신히 울음을 그친 뒤 차분히 타이르던 중 벨소리에 나가보니 경찰이었다. 이웃집에서 아이 비명 소리가 난다고 신고를 했다는 것이다.

당황한 아이 엄마는 그게 아니라고, "우리 아이는 본래 울음소리가 크다"고 열심히 설명했지만 경찰은 집안에 들어가서 여기저기를 살펴보았다. 아이 몸에 상처나 멍 자국이 없는지 샅샅이 조사를 하고서도 몇 번이나 "정말 아무 일도 없었던 것이냐?"며 의심의 눈초리로 물었다고 한다. 결과적으로 큰 문제가 있었던 것은 아니지만 그 후부터 아이가 울면 창문부터 닫게 되었다는 것이다.

독일에서 어린이는 부모의 소유물이 아닌 이 사회가 공동으로 보호하고 책임져야 할 대상이다. 내 자식이라고 내 마음대로 할 수 있다고 생각할 수 없다. 그럴 경우 이웃이나 경찰이 문제가 아니라 머리가 조금만 커도 자식이 먼저 부모의 부당함을 지적하고 나온다.

집에서도 물론이지만 집 밖을 나와서도 학교나 친구 관계 속에서 인권이 무엇인지 들을 기회가 많기 때문인 것 같다. 공부에는 초연해 보이는 독일 학생들이지만 자신의 권리가 침해당하는 일에 대해서는 철저하고 해박해 보인다.

가장 중요한 것은
안전이다

작은아이든 큰아이든 수학여행을 갈 때마다 해결해야 할 학부모 회의 안건이 많았다. 특히 9학년이나 10학년에 가는 일주일간의 스키여행 때는 여러 번 학부모 모임이 있었다. 회의를 통해 여행 경비는 물론이고 사고 보험 처리 문제 등 부모들이 직접 결정하고 처리할 문제들이 적지 않았다. 회의 때마다 선생님은 매번 스키여행에서 한두 명씩은 항상 사고를 당했다며, 다리나 팔 골절을 포함한 크고 작은 사고를 각오해야 한다고 은근히 겁을 주기도 했다. '사고가 없도록 노력하겠습니다'가 아니라 스키를 가르치려면 사고를 각오하고 보내라고 당당히 요구했다.

스키여행 준비 과정에서 또 하나 특이했던 것은 자원해서 함께 갈 학부모를 뽑는 것이었다. 스키를 프로 수준으로 탈 수 있거나 자격증이 있는 스키 강사, 혹은 사고에 대비해 의사의 지원도 필요하다며 홍보했다,

이처럼 독일 수학여행에서도 크고 작은 사고는 끊이지 않고 발생한다. 그러나 근래 들어 독일에서 대형 참사는 찾아볼 수 없었다. 이는 부정부패에 익숙하지 않은 독일 사회의 안전 시스템이 제대로 작동하고 있기 때문이기도 하겠지만 수학여행을 위한 철저한 안전 관리와 준비의 결과이기도 하다.

주별로 다소 차이가 있지만 독일 학생들은 대체적으로 초등학교 3~4학년부터 클라센파트Klassenfahrt라는 수학여행을 떠나기 시작한다. 이런 수학여행은 학교교육의 연장선상에서 이뤄지는 체험교육으로, 슐파트Schulfahrt로도 불린다.

클라센파트는 짧게는 1박 2일에서 길게는 2~3주까지 이어진다. 단순한 여행을 목적으로 하는 경우도 있지만 스키 클라센파트, 수상 스포츠 클라센파트 등 학교에서 실시할 수 없는 다양한 스포츠교육을 위한 프로그램을 운영하기도 한다. 특히 스키나 수상 스포츠 클라센파트는 사고 위험에 노출돼 있어 사전에 철저한 계획과 준비가 이뤄진다.

클라센파트 안전사고 방지에 앞장서는 기관은 독일 법정 사고 보험사 Deutsche Gesetzliche Unfallversicherung, DGUV다. DGUV가 중점을 두는 분야는 안전사고 예방을 위한 홍보와 교육이다. 사고는 곧 보험사의 손실로 이어지기 때문에 사고를 미연에 방지하는 일이야말로 중요한 영업의 일환이라는 것이다.

독일 학생들은 모두 이 보험에 가입돼 있다. DGUV는 클라센파트 안전교육과 홍보 시 '안전사고를 미연에 방지하려면 장기간의 세심한 계획과 학부모와 교장, 교사, 학생 간의 긴밀한 관계 속에서 여행이 진행돼야 한다'는 점을 가장 강조한다.

보통 독일에서는 이런 기조 아래 학부모가 수학여행 계획 단계에서부터 참여한다. 일정을 정하는 일뿐만 아니라 위험 요인 점검도 함께한다. 이 과정에서 의사나 응급처치 관련 직업에 종사하는 부모가 클라센파트에 동반하게 되는 것이다.

각 주의 클라센파트 안전 관리 규정도 수학여행의 안전을 위한 장치들을 담고 있다. 특히 인솔자 관련 규정이 눈에 띈다. 지난 2010년 개정된 바이에른Bayern 주 클라센파트 안전 관리 규정은 모든 학급여행에는 최소 두 사람 이상의 인솔자가 동반해야 한다고 명시하고 있다.

두 명의 인솔자가 인솔하는 학생 수에 대한 명시적인 규정은 없지만 통상 한 학급 학생 수가 25명 이내라는 점을 감안하면 10~12명에 인솔자가 한 명 따라가는 셈이다. 스키 클라센파트 등 특수한 경우에는 한 그룹이 가능한 12명을 넘지 않도록 해야 한다는 규정도 있다.

인솔자는 전체 수학여행 기간 동안 관리 감독의 의무가 있다. 인솔자 중 한 명은 교사여야 하고, 교사가 최종 관리 감독의 의무를 지도록 돼 있다. 일견 교사에게 부담을 주는 것 같지만, 보다 세부적인 규정을 살펴보면 그런 것만은 아니다.

우선은 한 학급의 체험 학습에도 인솔 인원이 두 명 이상이도록 규정하고 있어, 관리의 부담이 줄어든다. 또 인솔자 중 한 명은 반드시 응급처치에 익숙한 사람이어야 한다는 규정이 있어 유사시 대처도 신속하게 할 수 있다. 수영이나 카누 등 수상 스포츠를 위한 수학여행의 경우에는 인솔자 중 최소 한 사람은 인명 구조 자격증을 소지해야 한다.

이외에도 인솔자는 학교 조례와 청소년 보호법을 준수하기 위해 주의를 기울이고 언행에서 학생들에게 모범을 보여야 한다. 초등 4학년 이상부터는 남녀 학생이 함께 여행을 떠날 경우에 최소 한 명의 남성 인솔자와 한 명의 여성 인솔자가 복수로 동반해야 한다.

독일 수학여행의 또 다른 특징은 슐란트하임Schullandheim이다. 슐란트하임은 수학여행만을 전문으로 하는 안전하고 저렴한 숙박 시설이다. 학교에 따라 약간씩 다르기는 하지만 독일 학생들은 10~12년 동안의 학창 시절 동안 한 번 이상은 슐란트하임으로 수학여행을 떠난다. 전국에 산재해 있는 400여 개의 슐란트하임은 1년에 약 120만 명의 학생들에게 숙박은 물론 다양한 여가 활동과 교외 학습 프로그램을 구비한 수학여행 장소를 제공한다.

슐란트하임의 기원은 19세기 말로 거슬러 올라간다. 당시 독일 사회에는 인간성 회복을 위해 자연과 가까이 하는 교육이 중요하다는 공감대가 형성됐다. 그 결과 독일인들은 삭막한 도심을 벗어난 자연에 학교 부속 건물 형태의 제2의 학교를 건설하기 시작했고, 이렇게 만들어진 시설이 바로 슐란트하임이다. 당시에는 '슐란트하임 운동'으로 불릴 정도로 슐란트하임 건설은 교육계에 붐을 이뤘다. 자발적인 운동으로 시작된 슐란트하임은 2차 세계대전 후부터 연합회가 결성되고 조직화돼 오늘에 이르렀다.

한동안 수학여행의 안정성 문제로 몸살을 앓아야 했던 한국 학교들을 보면서 독일의 슐란트하임이 떠올랐다. 슐란트하임처럼 수학여행 전문 기관을 설립해 체계적으로 관리 감독할 수 있는 시스템을 도입하는 것도 안전사고를 줄이기 위한 하나의 묘책이 될 수도 있겠다는 생각이 들었다. 여행 준비의 많은 부분을 전문 기관과 수학여행 전문 숙박 시설에서 담당하면 교사의 업무 부담을 덜어주면서 경비까지 절감할 수 있지 않을까 싶다.

민주 시민으로서의 자질을 심어주기 위해서는

청소년기부터 인권을 알려주는 일이 대단히 중요하다.

표현과 집회의 자유는 민주주의 근간이고

정치도 교육이기 때문이다.

PART 2

진정한 성인으로 자라는 아이

CHAPTER 1

독일에서
18세의
의미

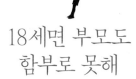

18세면 부모도
함부로 못해

독일 부모들은 자녀가 18세가 되면 미련 없이 놓아주어야 한다. 곁에 두고 계속 걱정하고 싶은 사람은 자식 기분 상하지 않도록 은근히 눈치까지 보며 비위를 건드리지 않기 위해 노력해야 할 때도 있다.

이 나이 때는 더 이상 부모가 원하는 대로 교육시킬 수도 없고 아이들도 부모 말을 듣지 않는다. 독일에서 18세면 법적으로 완벽한 성인이고 부모의 동의 없이도 스스로 모든 것을 결정할 권한이 있기 때문이다. 인문계 학교인 김나지움을 다닐 경우 보통 고등학교 때 성년을 맞이하게 된다.

큰아이는 일찍 학교에 입학해 12학년 때 16세였지만 친구들은 모두 18세였다. 19세가 성년인 한국에 비해 독일은 1년이 빠른 18세에 법적으로 성인이 된다. 한국에서는 학교에 다니는 한 19세에 성인이 되어도 크게 변하는 것은 없다. 특히 입시를 준비하는 고학년은 오로지 책상을 지키는 일이 책무고 어른들은 그런 착실한 청소년을 모범생이라며 가장 좋아하고 칭찬한다.

그런데 독일 학생들의 18세는 한국과는 많이 다르다.

첫째, 선거권이 있다. 16세부터 이미 지방 선거에 참여할 수 있으며, 18세가 되면 독일의 모든 선거에 선거권과 피선거권을 갖는다. 선거철이 되면 시의원이나 시장 후보들이 직접 학교에 찾아와 연설을 할 정도로 학생 표를 의식한다. 특히 교육에 관한 공약은 학생이 당사자이기 때문에 학교 연설회 등에서 집중적으로 홍보하기도 한다. 부모나 교사가 아닌 학생들이 직접 가장 마음에 드는 공약을 내건 정치인에게 표를 주는 것이다.

둘째, 운전면허를 소지할 수 있다. 면허시험에 합격한 아이들은 차를 가지고 등교하기도 한다. 독일에서는 16세면 운전면허시험에 응시할 수 있다. 그리고 17세부터는 보호자가 동승한 상태에서 운전할 수 있고, 18세면 혼자서도 탈 수 있다.

셋째, 부모의 허락 없이 동거나 결혼을 할 수 있다. 드물기는 하지만 가끔 김나지움에 다니는 학생들 중에 이성 친구와 동거하는 아이들도 있다. 물론 숨기지 않고 아주 당당하게 말이다. 독일에서도 김나지움 고학년 나이에 동거를 한다는 것은 특별한 경우이기는 해도 그런 선택을 한 학생을 이상한 눈으로 보지 않고 자연스럽게 받아들인다. 그런데 참 이상한 것이 법적으로나 사회적으로나 동거나 결혼을 허락하지만 의외로 그런 선택을 하는 청소년은 드물다는 것이다. 호기심도 크게 없는 것 같은데, 아마 책임감 때문인지 함부로 못하는 것 같다.

넷째, 18세가 되면 학교에서 일체 부모에게 통보하지 않는다. 출결부터 성적 등 모든 문제를 학생과 단독으로 처리한다. 부모는 학교에서 부르지도 않고 스스로 찾아가지 않는 한 자식 때문에 불려갈 일은 없다. 중요한 대학 진학도 부모와 상담하지 않고 학생 단독으로 결정한다. 물론 집에서야 대화가 있겠지만 공식적으로 부모의 의견은 필요 없다.

다섯째, 부모 허락 없이 분가할 수 있다. 부모에게 벗어나는 일은 이 나이 또래 청소년들의 꿈이다. 더 이상 엄마 잔소리 없는 세상에서 구속 없이 마음껏 살아보는 것 말이다.

그러나 대부분의 아이들에게는 실행에 옮기지 못하는 그야말로 꿈으로 끝날 뿐이다. 가장 큰 이유는 금전적으로 독립할 수 없기 때문이다. 그럼에도 모험을 강행하는 아이들은 대체적으로 부모와의 사이가 좋지 않은 경우가 많지만 가끔 원만한 가정임에도 부모와 합의하에 분가하기도 한다.

한국에서는 자식이 대학생이 되어 멀리 떠나 하숙을 하면 논 팔고 밭 팔아서 하숙비를 꼬박꼬박 보내주는 부모들도 적지 않다. 그러나 독일 부모들은 그렇지 않은 사람들이 더 많다. 18세 어린 나이에 분가를 해도 알아서 살라고 버려두는 사람도 더러 있다. 그러다 보니 몇 달 살다가 들어오지 말래도 다시 짐 싸들고 집으로 들어가겠다는 아이들도 많다. 생각만큼 혼자 생활비를 해결하며 공부하는 일이 만만하지는 않기 때문일 것이다.

큰아이 12학년 때 같은 반 여학생이 독립을 선언한 일이 있었다. 그런데 집을 나오는 과정이 한심하기도 하고, 나 또한 부모 입장이어서인지 답답하기도 했다. 나와도 친분이 있었던 여학생 엄마는 8년 전 남편이 세상을 떠나고 홀로 일하면서 남매를 키우고 있었다.

가끔 그녀는 이토록 힘들게 살고 있는데도 자식들은 엄마를 이해해주려고 하지 않는다며 하소연을 하곤 했었다. 그런데 당시 18세가 된 딸이 생일날 다시는 엄마에게 돌아가지 않겠다고 큰소리를 치며 집을 나갔다. 그러고는 한 사회단체에 찾아가 "엄마가 너무 괴롭혀서 도저히 함께 살 수 없어 집을 나왔다"고 했다는 것이다. 이런 경우 거처할 곳을 무료로 제공해준다는 사실을 알고 벌인 일이었다.

이 이야기를 전해 듣는 순간, "정말 세상 말세라더니"라는 말이 무의식적으로 튀어나왔다. 엄마를 몹쓸 사람으로 만들면서까지 독립이 그렇게 중요했던 것인지 이해할 수 없었다. 극히 드문 예이긴 하지만 사회에서 일찍 청소년을 어른으로 인정해주니 이런 문제도 발생하는 것 같다.

여하튼 김나지움 고학년 아이들도 한국 학생들만큼 일이 많다. 물론 공부 때문은 아니다. 연애하랴, 아르바이트하랴, 운전 배우랴, 사회활동하랴, 정치 참견하랴, 분가하랴, 사랑하랴, 오락하랴….

학생과 교사가
교문 앞에서 맞담배를?

큰아이가 김나지움에 들어가고 얼마 되지 않았을 때였다. 방과 후에 바로 병원 예약이 잡혀 있어 아이를 데리러 학교 정문으로 갔다. 교문 앞에는 여느 때와 마찬가지로 담배 피우는 아이들이 군데군데 무리를 지어 웅성거리고 있었다. 그때만 해도 그 모습을 볼 때마다 '쯧쯧쯧, 한심한 것들…'이라며 인상을 쓰곤 했었다.

'저, 저 녀석 내가 아는 애 아냐? 저 애 엄마는 딸이 저러고 다니는 줄 아는지 모르겠네, 쯧쯧…' 큰아이를 기다리는 잠시 동안, 교문 바로 앞에서 담배를 피우고 있는 아이들을 측은히 바라보며 혀를 차고 있었다.

그런데 이게 웬일인가. 아이들 틈에 당시 큰아이 학과목 선생님이 보이는 것이다. 아이들과 함께 담배를 주거니 받거니 하면서 낄낄거리고 있었다.

"뭐, 뭐야! 아이들과 선생님이 맞담배를 피우면서 수다를 떨어?"

아무리 독일이라도 눈앞에 펼쳐진 상황이 도저히 받아들여지지 않았다. '독일의 교육은 희망이 없구나, 희망이. 말세로다 말세야!'라며 고개를 절레절레 흔들었다.

그런데 좀 더 살면서 찬찬히 그 원인을 살펴보니 한편으론 이해가 되기도 했다. 독일에서 12학년이면 성인이다. 성인이 된다는 의미는 모든 일을 부모의 동의 없이 할 수 있는 법적 권리와 이에 따른 의무를 함께 갖는 일이다.

보통의 독일 학생들은 성인이 되고 나서 1~2년 동안 김나지움에 다닌다. 학생의 인권이 확실히 보장된 독일 학교에서는 특별히 남에게 피해 주는 행위가 아니면 학칙에 얽매일 일은 없다. 성년이 되면 학교를 다닌다는 것 이외에는 아주 자연스럽게 어른이 할 수 있는 모든 일을 할 수 있다. 그러니 술, 담배를 마음대로 하는 것도 사실 자연스러운 일이다.

또한 성인이 되어서도 학교에 머물고 있는 김나지움 학생들과는 달리 실업계에 다니는 학생들은 18세면 이미 졸업하고 직업 실습 2년차 때다. 실업학교인 레알슐레는 10학년이 졸업 학년이기 때문이다.

또 수업 시간에 교사는 학생들에게 반말이 아닌 존칭을 써야 한다. 그러니 선생님과 학생이 교문 앞에서 맞담배 피우는 일도 생각해보면 크게 문제 될 건 없다.

12학년이 되면 학교와 부모의 관계는 끝난다. 저학년 때는 수시로 받아오던 가정통신문도 전혀 없고, 아이가 결석을 하는지 지각을 하는지 부모는 알 수가 없다. 학교에서 통보를 해주지 않기 때문이다. 아이가 퇴학을 당해도 부모는 필요 없다. 학교와 학생 개인의 문제일 뿐이다.

독일 부모들은 자신들도 그렇게 자라서인지 12학년이면 시원하게 학교에 관심을 끊고 학교든 교외 활동이든 아이에게 맡기는 데 익숙한 것 같았다. 그러나 나는 한국 엄마라서인지 이런 환경에 적응하기 쉽지 않아 큰아이에게 가끔 투덜거리곤 했었다.

"혹시 학교에서 편지나 안내문 같은 것 받아 오지 않았어?"

"아니, 없는데."

"학부모 상담 같은 것도 없대?"

"없다니까! 12학년부터는 그런 것 전혀 없다고 했잖아."

"야, 그래도 너무 한 거 아니니? 중요한 입시를 앞두고 있는데 부모가 학교 일을 전혀 모르고 있다는 것 말이야."

"엄마, 독일에서 12학년은 완전 성인이라고 했잖아. 자기가 다 알아서 해야 한다고. 부모 허락 받을 일도, 동의를 구할 일도 없거든."

"너무한 거 아니니? 엄마가 배 아파서 낳고 지금까지 뒷바라지 하느라 고생고생했는데 왕따잖아. 너 학교에서 공부는 제대로 하고 있는 거니?"

"독일은 원래 그래 엄마, 너무 섭섭하게 생각하지 마. 난 좋은데, 히히."

"정말 독일 부모들은 관심 없니? 그래도 불만이 있거나 아이가 문제 있는 부모들은 학교 찾아 가는 거 아냐? 관심을 딱 끊는다는 게 믿을 수가 없다, 얘."

"내 친구 부모들은 12학년을 손꼽아 기다린대. 하루 빨리 자식한테서 벗어나 자유롭게 살고 싶다고. 아이가 18세 되면 만세 부른다던데? 엄마도 내 걱정 말고 즐기면서 살아."

"여하튼 부럽다, 부러워. 딱 관심 끊을 수 있다는 게 말이다. 근데 미안하지만 난 못 그러겠는데? 내일 시험이라며? 수다 그만 떨고 당장 올라가서 공부해! 수험생이라는 녀석이 허구한 날 기타나 퉁땅거리고, 양심도 없니?"

"그럼 그렇지, 역시 엄마는 한국 사람이야. 하하."

큰아이가 12학년이 되면서 가끔 이런 대화를 나누곤 했었다. 항상 똑같은 대답을 들으면서도 불안한 마음에 되묻곤 했다. 한국 엄마 생각에는 아무리 독일이라 해도 12학년이면 마음이라도 부산할 것 같았는데 전혀 신경 쓸 일이 없으니 한동안 뭔가 모르게 불안하기도 하고 허전했기 때문이었던 것 같다.

학생회는 학교의 작은 야당

요즘 한국의 중고등학교 학생회장은 학교에서 어떤 일을 하고 있을까? 한국에서 초등학교부터 대학까지 교육을 받았지만 언뜻 머리에 떠오르지 않는다. 학생을 대표한다는 것까지는 알겠는데 학생의 무엇을 대표하는지는 분명하게 설명하기가 쉽지 않다.

예전에 EBS 〈세계의 교육현장〉 제작팀이 우리 아이들과 아이들이 다니고 있는 쿠벤 김나지움을 취재했었다. 방송국에서 이 학교를 찾아오게 된 것은 순전히 내 책 『꼴찌도 행복한 교실』과 『독일 교육 이야기』때문인지라 취재진을 위해 일일이 따라다니며 통역도 하고 섭외도 해주었다.

5일간의 취재 기간 동안 이 학교 귄터 존넨Günther Sonnen 교장 선생님과 각 과목 선생님들, 학부모, 학생 등을 두루 인터뷰할 기회가 있었다. 그런데 그중에서도 가장 흥미로운 사람은 학생을 대표하는 미아Mia라는 학생회장이었다. 당시 13학년에 재학 중이었던 미아는 저학년 때부터 꾸준히 학생회 활동을 해오다가 결국은 학생회장이 되어 쿠벤 김나지움의 학생회를 이끌고 있었다.

그런데 그녀가 하는 일을 보면 배우는 학생의 입장이라기보다는 한 단체의 권익을 대변하고 있는 막강한 위치라는 생각이 먼저 들었다. 우선 학교의 중요한 회의, 예를 들어 문제 학생 처리라든지 학교 행정에 관한 안건 등에 미아는 교장, 선생님, 학부모 들과 함께 학생회장 자격으로 참석할 수 있으며 독립적인 발언권을 가지고 있었다.

"학생회장은 교육청과 교장, 교사를 상대로 학생의 권익을 대변할 수 있으며 이들의 처신이 바람직하지 않다고 판단되면 언제라도 당당하게 시정할 것을 요구할 수 있는 자리다."

"학생회장이란 어떤 역할을 하는가?"는 취재진의 질문에 존넨 교장 선생님은 이렇게 대답했다. 학생회 활동에 대한 규정이 문서나 말로만 존재하는 것이 아니라 실제로 활발하게 움직이고 적지 않은 일들을 처리한다는 사실을 미아를 통해 알 수 있었다.

수년 전 우리 아이들 학교 앞을 지나던 5번 버스 노선이 없어져버린 일이 있었다. 수익이 맞지 않아 버스 회사의 노선 정리 대상이 되어버렸던 것이다. 그러나 당장 노선 버스가 사라지면서 5번을 타고 등교하던 학생들이 바로 학교 인근에 살면서도 자가용을 이용하거나 버스를 갈아 타고 돌아와야 했기 때문에 불만이 이만저만 아니었다.

그 일로 미아는 아헨 교육청장과 시장, 버스 회사 사장을 만나 어른 들의 부당한 일 처리에 대해 격렬하게 항의했다. 처음엔 모두들 학생회 장의 노력으로는 어림없는 일이라고 여겼지만 미아와 학생회 임원들은 계속해서 교육청과 시에 항의문을 보내며 면담을 요청했고 결국 5번 대 신 32번 노선이 새롭게 학교 앞을 지나가게 되었다. 이 일로 미아가 얼 마나 동분서주했는지를 잘 아는 친구들은 당시 32번을 '미아 버스'라고 불렀다고 한다.

학생회장은 학생이 교사에게 부당한 일을 당했다든지 교사의 수업 태 도에 불만을 표시하면 교장에게 학생들의 생각을 전달하고 시정을 요구 할 수 있다. 학교의 행정적인 일도 충분히 관여한다. 인터뷰 당일도 미 아는 수리를 하고 있는 학교 중앙 홀 공사가 언제 마무리되는지 확답을 듣기 위해 교장 선생님과 면담 약속이 있다고 했다.

그런데 미아의 역할은 여기서 끝나지 않았다. 부모나 선생님에게 털어 놓지 못하는 고민을 안고 미아를 찾아오는 학생들도 있었다. 그즈음 미 아는 부모의 이혼을 겪으며 방황하던 학생을 상담하게 되었는데, 정신 과에 가야할 정도로 심각한 우울증을 앓고 있었다. 그러나 미아와의 대 화가 계속 이어지면서 아이는 마음을 조금씩 열게 되었고, 결국 학생과 부모를 설득해서 함께 심리 치료를 받게 하는 등 적극적으로 도움을 주 기도 했다.

이렇게 바쁜 와중에도 그녀는 대학 진학을 위해 공부도 게을리할 수 없었다. "수험생이 너무 많은 일을 하는 것은 아니냐?"는 취재진의 질문에 미아는 "좋아서 하는 일이니 하나도 힘들지 않다"고 대답하며 해맑게 웃었다.

큰아이 말을 들으니 학생회 회원들은 정치 과목을 잘하는 아이들이 많다고 한다. 대부분 다른 공부는 하기 싫어해도 정치 수업 하나만은 적극적으로 참여한단다. 학생회장 미아를 따라다니며 그녀의 생활을 곁에서 보고 들으니 정치에 관심 있을 수밖에 없겠다는 생각이 들었다. 학생회는 학교 내에서 작은 야당 역할을 충분히 해내야만 하니 말이다. 특히 교장이나 선생님 들에게 학생회장은 은근히 부담스러운 존재일 것 같았다.

18세는 성인,
마중도 안 나오는 부모

독일 김나지움은 11학년부터 기존의 학급이 없어지고 대학처럼 같은 과목을 심화 과정으로 선택한 학생들이 함께 몰려다닌다. 그렇기 때문에 수학여행도 심화 과정 과목마다 다르게 떠나는 것이다. 따라서 경우에 따라 어떤 과목 학급은 안 갈 때도 있다. 아이들과 선생님이 함께 의논해서 장소를 결정하고 준비도 함께한다.

생물을 심화 과정으로 선택했던 큰아이도 11학년 때 일주일 동안 크로아티아로 스튜디엔파트Studienfahrt라는 여행을 다녀왔다. 스튜디엔파트는 단순한 여행이 아니라 자신이 선택한 과목의 학습을 더욱 현장감 있고 폭넓게 시도하기 위해 관련 지역으로 떠나는 학습여행 형태의 수업이다. 그러나 말이 그렇지 사실은 신나게 놀다가 오는 수학여행이다.

독일에서 크로아티아는 관광버스로 열일곱 시간 거리다. 4성 호텔에서 식사를 해결하며 일주일을 묵는데 300유로 정도니 경비는 저렴한 편이다. 그 대신 교통비를 절약하기 위해 비행기가 아닌 버스를 장장 열일곱 시간, 왕복 서른네 시간을 타야만 하는 피곤한 여행이기도 했다.

여행을 마치고 돌아오는 날, 아이를 데리러 정류장에 갔다가 많이 달라진 분위기에 놀랐다. 10학년까지만 해도 겨우 2~3일 가는 수학여행 전에 부모들이 우르르 정류장에 몰려와서 끌어안고 입 맞추며 요란한 이별을 했다. 자식 없는 사람 서러울 정도로 이들은 애틋한 표현들을 서슴없이 한다.

공부에 대한 열성은 떨어져도 자식 사랑은 한국 부모 못지않다. 또 돌아오면 겨우 이틀 못 봤다고 어떤 엄마와 딸은 이산가족 상봉한 듯 부둥켜안고 울기까지 한다. 이런 독일 사람들에 비해 나는 어깨나 툭툭 두드리면서 "잘 놀고 왔어?"라고 묻는 정도가 고작이다. 옆에서 하도 끌어안고 난리를 치니 어떨 때는 어깨만 두드리기에는 썰렁하고 민망하기도 하다. 불과 2년 전인 10학년 수학여행 때만 해도 그랬다.

그런데 그날은 정류장에 그 유별난 부모들이 아무도 없었다. '아니 뭐야? 시간이 너무 이른가?' 아이들이 피곤한 얼굴로 짐을 챙기는 동안 가서 또 어깨라도 두드려주려다가 뭔가 낌새가 이상한 것 같아 거리를 두고 기다리고 있었다. 조금 시간이 지나자 두 아이의 부모가 도착했다. 그중 한 아이는 아빠가 나왔는데 아들과 오랜만이라고 악수를 했다. 예전에 끌어안고 우는 장면도 어색했지만 일주일 만에 만났다고 악수하는 아빠와 아들도 신기하기는 마찬가지였다.

우리 아이까지 40명 학생 중 딱 3명만이 부모가 픽업을 나왔고 나머지는 버스를 이용하기도 하고 근처에 주차시켜놓은 자기 차를 타고 돌아갔다.

"부모들은 더 이상 안 나오는 거야? 야, 2년 만에 너무 많이 변했다, 얘. 갈 때도 배웅 나온 사람 아무도 없었어?"

"당연히 아무도 없었지. 쟤네들은 이제 완전히 어른이라고 맨날 말했잖아."

"그래도 그렇지 대단하다. 독일 부모들은 무 자르듯 관심을 잘도 싹 잘라버리는구나. 그거 부모 입장에서 쉽지 않은 건데."

"우리 과정에는 이미 분가해서 혼자 사는 아이들도 있어. 엄마는 참, 아무리 얘기해도 이해가 안 되나봐. 나도 내년이면 18세니까 엄마도 내년부터는 관심 끊어도 돼."

독일 18세, 완전한 성인이라고 말은 많이 하지만 이렇게 현장에서 확인할 때마다 놀라운 것은 매번 마찬가지다.

12학년에 자가용 등교는
평범한 일

18세 생일 선물로 부모로부터 자가용을 받았다면 한국에서는 어느 부자의 이야기로만 들을 수도 있다. 물론 부자라도 우리에게 자가용 선물은 이른 감이 있다. 그러나 독일에서는 아주 평범한 일이다. 적지 않은 아이들이 12학년에 자가용을 타고 학교에 다닌다. 이미 운전면허를 소지하고 있는 학생이 많기 때문에 요 나이 또래 독일 아이들의 가장 큰 관심사는 자동차다.

큰아이 김나지움 고학년 때 당시 16세라 운전면허증도 없었던 우리 아이와 달리 친구들은 대부분 18세였기 때문에 운전을 했다. 당시 학교 보내기가 겁날 정도로 날마다 바꿔가며 친구들 차를 시승한다고 자랑을 했다.

초보 운전은 위험하니 함부로 타지 말라고 이야기해도 "내 친구들이 엄마보다 훨씬 잘하니 걱정하지 말라"며 만년 초보 엄마의 운전 실력을 비웃었다. 나는 기껏 사고라고 해봐야 남의 차 슬쩍 긁고 보험료만 엄청나게 물어주는 수준이지만, 용기백배한 청소년 초보 운전이 얼마나 위험한지 아무리 설명해도 심각하게 듣지 않으니 걱정을 안 할 수가 없었다. 18세부터 22세까지 자동차 보험료가 제일 비싼 것만 봐도 사고가 가장 많은 나이라는 것을 알 수 있는데 말이다.

우리 아이 친구들이 차를 소유하는 형태를 보면서 흥미롭게도 그 부모의 사고나 교육관, 경제 사정 등에 대해 어느 정도 알 수 있었다.

첫째, 아주 오래되고 허름한 가격의, 소위 말해서 '똥차'를 몰고 나타나는 아이들은 평범한 가정일 경우가 많았다. 생일 선물로 중고차 중에서도 가장 허름한 가격의 차를 선물 받은 아이들이다. 물론 그것도 어느 정도 살아야 가능한 일이지 가난한 사람들은 당연히 그 정도도 쉽지 않을 것이다.

둘째, 어느 정도 좋은 차를 타고 나타나는 아이들은 영락없이 엄마차를 얻어 타는 경우가 많았다. 자주 만나는 우리 아이 친구 엄마도 하도 졸라대니 자동차 키를 안줄 수가 없다며 걱정이 많았다. 빼앗기다시피 울며 겨자 먹기로 빌려준다는 것이다.

셋째, 쓸 만한 신형 소형차를 타는 아이들은 십중팔구 먹고 살 만한 가정이었다. 아무리 소형차라도 생일 선물로 차 한 대를 사줄 수 있다는 것은 부모가 상당히 여유가 있어야 한다. 많지는 않지만 우리 아이 친구 중에 몇 명이 생일 선물로 새 차를 받았다고 했다.

넷째, 생일날 자가용 선물을 받고도 몇 번 타지 못하고 집에 두고 다니는 아이들도 있었다. 부모가 생일 선물로 차를 사주기는 했지만 기름 값은 '네가 알아서 조달하라'고 했기 때문에 행복한 선물이었을 뿐 그림의 떡이 되어버리고 만 경우다.

우리 아이 친구들을 통해 본 독일 청소년들의 자동차에 관한 첫 경험은 참 흥미로웠다. 이렇게 많은 청소년들이 김나지움 때 자기 차를 소유하기도 하지만 그렇지 않은 경우가 사실은 더 많다. 경제적인 여건 때문에, 혹은 부모의 완강한 반대로, 혹은 면허시험을 준비하지 못해서 등 이유는 다양하다.

CHAPTER 2

교육을 통해 민주 시민을 양성하다

학생도 정당에
가입할 수 있다

학생과 정치. 지금까지도 한국은 학생은 정치 근처에도 가서는 안 되는 것처럼 가르친다. 학생인권 조례에 등장하는 '의사 표현의 자유와 집회의 자유'에 대해 아직 사회·정치적으로 가치관이 확립되지 않은 청소년을 정치적으로 이용할 목적에서 만든 조례라며 비판의 날을 세우는 사람들도 있다.

"왜 안 되는 것일까?" 단순히 아직 가치관이 확립되지 않았기 때문이라는 논리는 설득력이 절대적으로 부족하다.

이런 주장을 하는 사람들이 가장 즐겨하는 말은 '참된 민주 시민으로 키우기 위해서'다. 그런데 그야말로 민주 시민으로서의 자질을 심어주기 위해서는 청소년기부터 인권을 알려주는 일이 대단히 중요하다. 표현과 집회의 자유는 민주주의 근간이고 정치도 교육이기 때문이다.

서울시 학생인권 조례는 "학생은 성별, 종교, 나이, 사회적 신분, 출신 지역, 출신국가, 출신민족, 언어, 장애, 용모 등 신체조건, 임신 또는 출산, 가족형태 또는 가족상황, 인종, 경제적 지위, 피부색, 사상 또는 정치적 의견, 성적 지향, 성별 정체성, 병력, 징계, 성적 등을 이유로 차별받지 않을 권리를 가진다"라며 '정치적 의견'이라는 표현으로 정치에 대해 살짝 언급했다.

또 "학생은 학교의 운영 및 서울특별시교육청의 교육정책결정과정에 참여할 권리를 가진다", "학생회 등 학생자치조직 및 학생들의 자발적 결사는 학생의 권리와 관련된 사항에 대해 의견을 밝힐 수 있는 권리를 가진다"고 정책 결정에 참여할 권리를 밝혔다.

이 조항들을 살펴보면 학생인권 조례가 문제라고 목소리를 높이는 사람들이 도대체 무엇을 큰 문제로 삼는 것인지 얼른 판단이 서지 않을 정도로 지극히 기본적이고 당연한 권리다. 어떻게 생각하면 뜬구름 잡기식의 표현이라는 생각마저 들 정도다. 그에 반해 독일 학교법은 아주 구체적이고 현실적으로 인권을 거론한다.

노르트라인베스트팔렌 주 학교법을 예로 들면 다음과 같다.

첫째, 독일은 학생이 종교적인 의식이나 정치 단체, 혹은 정당이나 노동조합에서 개최하는 세미나 등에 참여하기 위해 최대 일주일간의 결석을 신청할 수 있는 권리가 있다. 학교법에는 "일주일이라고 되어 있지만 예외는 언제나 인정된다"며 기간에 대한 유연성도 첨부했다.

둘째, "학생회장 등 학생회 임원은 학교를 대표해서 학교 밖의 정치적인 문제, 특히 교육 분야의 정치적인 부분에 대해 발언하는 것을 허락한다"며 교육 정책 결정에 참여할 수 있는 권리를 부여한다.

셋째, 표현의 자유에 대해, "학생은 학교에서 자신의 생각을 글이나, 말, 그림으로 자유롭게 표현할 수 있고 수업 시간에도 논리를 갖추어 생각을 말할 수 있는 권리가 있다. 그러나 수업을 방해할 수 있는 표현의 자유는 제한된다"고 언급했다.

넷째, 언론의 자유에 대해, "학교에서 학생회나 학생이 발행하는 잡지나 신문 등 인쇄 매체는 검열할 수 없다. 이는 독일 언론의 자유에 관한 법 조항과 일치한다. 학생은 인쇄물을 만들어 검열 없이 학교에 배포할 수 있고, 모든 책임은 편집자가 직접 져야한다"고 밝혔다.

다만 "만일 교장이 인쇄물의 여러 부분에서 학교의 교육 목적에 위배되거나 다른 사람의 명예를 훼손, 혹은 청소년에게 유해성이 있다고 판단하면 배포를 금지할 수도 있다"고 밝혀둠으로써 어느 정도의 간섭을 가능케 했다. 그러나 이때도 교장이 자의적으로 판단하고 처리하는 것을 막기 위해 반드시 금지 사유를 서면으로 작성하여 교육청에 제출하도록 했다.

특별한 경우를 제외하고는 학생이 만드는 잡지나 신문 등 모든 인쇄물은 함부로 검열할 수 없으며, 교장에게 불편한 내용이라고 편집자에게 불이익을 주어서는 안 된다. 그러나 이 조항에 대해서도 비판을 하는 사람들은 아무리 예외적인 상황이라도 교장이 간여할 수 있게 한 것은 진정한 인권이 아닌 고무줄 인권이라고 비꼬고 있다.

다섯째, "학교의 교육과 학교 안에서 일어나는 학생회의 모든 활동은 정치적으로 중립을 지켜야 하지만, 개인적으로는 누구나 14세부터는 정당에 소속된 청년회에 가입할 수 있고, 16세부터는 정식으로 한 정당의 당원으로 활동할 수 있다. 또 정당에 가입했다는 이유로 학교 내에서 편애나 차별을 받지 않아야 한다"며 정당의 자유를 보장했다.

이 부분이 한국과는 전혀 다른 약간 놀라운 규정이다. 정치에 관심 있는 독일 학생들은 중고등학교 때부터 정당에 가입해서 활발하게 활동한다. 이런 학생들 중에는 학생회 일에도 열심인 사람도 많고, 교내건 교외건 시위도 많이 쫓아다닌다.

여섯째, "밤 22시가 지나서까지 학교 내에서 집회가 있을 경우에는 인근 주민들에게 알리고 해당 관공서에서 허가를 받아야 한다. 관공서 허가는 보통 여러 날이 걸리므로 일주일에서 14일 전에 신청해야 하며, 학교 내에서의 집회나 행사 등은 교장에게 사전에 보고해야 한다"고 집회의 자유에 대해서도 지극히 평범하면서도 합리적으로 풀어나갔다.

독일 학교법, 대충 읽어봐도 한국의 학생인권 조례는 아무것도 아니다. 한국에서 학생의 인권이 보장받는 일은 여전히 멀고도 험한 길인 것 같다. 최근 교육부가 무효 확인 소송을 제기한 '전라북도 학생인권 조례'는 대법원이 원고의 청구를 기각함으로써 간신히 명맥을 유지할 수 있게 되었다. 시작 단계에서 꽃은커녕 봉오리도 맺지 못하고 말만 많은 학생인권 조례, 그 보잘 것 없는 시작을 비판의 도마에 올려 난도질할 정도의 수준이라면 대한민국 민주주의는 아직도 무덤 안에 있는 것이다.

왜 독일 가정에는
헌법 책이 있을까?

작은아이가 초등학교 6학년 때 독일 헌법인 그룬트게제츠Grundgesetz가 기록되어 있는 작은 책자를 받아왔다. 큰아이도 그맘때 즈음에 똑같은 책을 받아왔었다.

보통 독일인들은 집안에 헌법 책이 적어도 한 권 정도는 있다. 본인의 의지와는 상관없이 아이 학교에서 나눠주기 때문에 어쩔 수 없이 보관하게 되는 것이다. 이런 책을 받으면 한번 보기는 해야 할 것 같다는 생각이 들지만 재미없고 건조한 법조문이라 인내력이 없는 사람은 끝까지 읽어내기 쉽지 않다. 그러나 한 번쯤 첫 장을 펼쳐들고 시작은 해본다.

작은아이가 받아온 책을 펼쳐들며 "6년 만에 또 받아왔네, 이번엔 한번 읽어볼까?"라고 혼잣말로 중얼거리니 옆에 있던 큰아이가 들여다보면서 한마디 했다.

"독일 사람들도 그러면서 끝까지 읽는 사람은 거의 없어."

"그래? 그래도 첫 장을 읽기는 하나보네?"

"그래서 다른 건 다 몰라도 첫 번째 문장은 모두 외우고 있지."

"수업 시간에도 선생님이 말실수라도 하면 아이들이 1장 1조를 줄줄 읊어대면서 인간의 존엄성을 침해한다고 난리야. 물론 반은 장난이지만 툭하면 나오는 말이지."

"와, 독일 아이들 무지 똑똑하네."

"그런데 딱 거기까지야. 바로 다음 문장은 아무도 몰라. 히히."

독일은 '법의 나라'다. 법의 나라라고 막연히 말로만 듣다가 직접 살아보면 이들이 얼마나 법을 잘 지키고 무서워하는지 더 확실히 알게 된다. 처음엔 독일의 법을 정확하게 이해하지 못하고 우왕좌왕하면서 어려움을 당할 때가 종종 있었다.

어제 철석같이 한 약속을 나 몰라라 하면서, 혹은 마땅히 인간적으로 지탄받아야 할 잘못을 했으면서도 법에 저촉되지 않으면 전혀 양심의 가책 없이 뻔뻔한 사람들이 의외로 많다.

그럴 때마다 화가 나서 '독일은 법은 있으되 양심은 없는 나라'라고 투덜거렸다. 주먹보다 법이 가까운 사회라는 것은 분명 바람직하지만 때론 그것 때문에 인간적인 소통이 차단되고 상처받을 수 있는 상황을 가끔 경험하기도 했었다.

법에 대해 관심 없는 사람이라도 대한민국 헌법 1장 1조를 모르는 사람은 거의 없을 것이다.

"대한민국은 민주공화국이다. 대한민국의 주권은 국민에게 있고, 모든 권력은 국민으로부터 나온다."

누가 들어도 지당한 말이다. 그러나 정치에 대해 관심도 없고 겨우 자기 한 입에 풀칠하기 위해 살아가는 우리네 삶 속에서 민주공화국, 주권, 권력 등의 단어는 별로 와 닿지 않는다.

그렇다면 그룬트게제츠의 1장 1조는 어떤 내용으로 시작될까? 분량 면에서는 헌법이 130조, 그룬트게제츠가 146조로 비슷하다.

작가 유시민 씨는 그의 저서 『후불제 민주주의』에서 이런 말을 했다.

"나는 『청춘예찬』이 아니라 대한민국 헌법 제10조를 읽을 때 가슴이 설렌다. 괴롭지 않은 청춘이 어디 있으랴만 조금은 별나게 괴로운 청춘을 보내서 그런가. 『청춘예찬』도 설레게 하지 못했던 내 가슴을, 겉모양은 영어 번역문처럼 못나 빠진 헌법 제10조가 두근거리게 만든다. 그렇다. 나는 행복을 추구할 권리를 지닌 존엄하고 가치 있는 인간이다. 대한민국 최고 규범인 헌법이 내가 그런 존재임을 보증하고 있다."

"모든 국민은 인간으로서의 존엄과 가치를 가지며, 행복을 추구할 권리를 가진다. 국가는 개인이 가지는 불가침의 기본적 인권을 확인하고 이를 보장할 의무를 진다"고 명시된 헌법 10조에 대해 그는 이렇게 각별한 애정을 표현했다.

유시민 씨 개인의 삶에서뿐 아니라, 일본 침략의 역사와 군부독재를 겪어오는 동안 헌신짝처럼 내동댕이쳐진 대한민국에서의 인간 존엄성의 비운을 생각해보면 그가 왜 그토록 헌법 10조에 가슴이 두근거렸는지 알고도 남는다.

대한민국 헌법 10조에 규정된 인간의 존엄성에 관한 내용은 그룬트게 제츠의 1장 1조, 가장 윗줄에 나오는 내용이다.

"Die Würde des Menschen ist unantastbar. Sie zu achten und zu schützen ist Verpflichtung aller staatlichen Gewalt."

'인간의 존엄성은 침해되어서는 안 되며, 국가는 이 불가침의 원칙을 존중하고 보호할 의무를 지닌다'는 의미다. 독일은 인간의 존엄성에 관한 내용을 그룬트게제츠 1장 1조에 언급함으로써 이들에게는 '독일연방 공화국'이라는 국가의 정체성보다는 한 인간의 존엄성이 더 중요하다는 사실을 잘 보여주고 있다.

선거는 교원 단체 정책 질의에
답해야 승산

정치는 교육을 변화시킬 수 있는 가장 막강하면서도 직접적인 장치다. 때문에 독일이든 한국이든 선거 때가 되면 다양한 교육 정책 공약 또한 난무하기 마련이다.

독일은 교사도 개인적으로 한 정당의 당원으로 등록하고 정치 활동을 할 수 있다. 수업 시간에 학생들에게 편향된 정치적 발언이나 교육에 직접적인 영향을 미치는 행위는 금지하지만 학교 밖에서 이루어지는 모든 정치 활동은 허용된다.

독일 선거에서 교육은 총리와 연방 하원 의원을 선출하는 선거인 분데스탁스발Bundestagswahl보다 주 총리와 주 의원을 선출하는 란트탁스발Landtagswahl의 중요 이슈다. 교육은 연방이 아닌 주 소관이기 때문이다.

지방 선거인 란트탁스발의 핵심 정책 대결인 교육 분야에서 비중 있는 역할을 담당하는 단체는 26만 3000여 명의 회원을 둔 독일 최대의 교원 노조인 독일 교육학술노조Gewerkschaft Erziehung und Wissenschaft, GEW 다.

GEW의 중요한 임무 중 하나가 교육의 기회 균등, 교원의 처우 개선, 사회 안전, 민주적인 교육을 위해 정부나 정당에 진정이나 청원을 하는 압력 단체 역할을 하는 것이다. GEW는 한 특정 정당의 정치 논리를 대변하지는 않지만 주 의회에 소속된 모든 정당의 교육 정책에 막강한 영향력을 행사한다.

지방 선거가 다가오면 GEW에서는 각 정당 앞으로 공식적인 정책 질의서를 보내고 정당은 이 질의서에 모두 답해야 한다. 질의서에 공식적으로 답을 해야 한다는 법제화된 규정은 없지만 교육이 핵심 이슈인 주 의회 선거에서 GEW의 호응 없이는 선거에서의 승리가 보장되지 않기 때문에 대부분의 정당이 최대한 성의껏 답변한다.

노르트라인베스트팔렌 주의 2010년 지방 의회 선거를 예로 들면 GEW는 여섯 개 항목의 질의서를 각 정당에 전달했고, 기민당CDU과 자유당FDP, 사민당SPD, 녹색당Grüne, 좌파당Linke 등 다섯 개 정당은 각 항목에 구체적인 답변서를 작성해서 모든 유권자가 볼 수 있도록 GEW나 정당의 웹사이트, 언론에 공개했다.

GEW의 여섯 항목의 질의 내용을 보면 다음과 같다.

첫째, 드레스덴 정상 회담에서 2015년까지 각 주는 GDP의 10%까지 교육 재정을 상향 조정하기로 결정했는데 이의 달성을 위해 각 정당은 어떤 복안을 마련하고 있는지 보여주시오.

둘째, 노르트라인베스트팔렌 주는 최근 학생수가 8% 가량 감소했는데 이 수치를 어떻게 작은 학급을 만드는 데 활용할지에 대해 답하시오.

셋째, 유엔이 보장하는 교육에서 소외되지 않을 장애인의 권리를 어떻게 노르트라인베스트팔렌 주에 적용할 것인지에 대한 방안을 보여주시오.

넷째, 초등학교 4학년에 이루어지는 실업계와 인문계로의 조기 진로 결정은 세계적인 추세로 볼 때 문제가 있는데, 이 제도에 대해 각 정당의 복안을 밝히시오.

다섯째, 인문계 중고등학교인 김나지움이 13학년에서 12학년으로 바뀌면서 학생과 학부모, 교사 들이 많은 스트레스를 받고 있는데 이런 문제에 대해 어떤 대책을 마련하고 있는지 답하시오.

여섯째, 교원 자격 취득 요건이 석사로 상향 조정된 후, 기존에 배출된 교원에게 동등한 수준의 보수가 보장되어야 한다는 요구에 대한 정당의 대책을 말하시오.

니더작센 주의 교원 노동조합도 지난 2013년 선거를 맞아 후보를 낸 각 정당에 김나지움의 13학년에서 12학년으로의 학년 축소의 바람직한 실현 방안과 이를 위한 교육 재정 여부, 교사 인력 증가, 교사 등 교육 전문가의 근무 시간 축소 등에 관한 질문서를 보냈다.

독일 GEW의 교육 정책 질의는 각 정당에 반드시 답변해야 하는 정도의 강한 압력으로 작용하지만 자신들의 구상을 완벽하게 결론 내리고 이의 적용을 요구하기보다는 의제를 제시하고 다양한 답변을 통해 유권자 스스로 정책을 선택할 수 있도록 유도하는 데 목적이 있다.

언론을 믿지 말라고
가르치는 학교

우리 사회에서 언론의 역할이란 무엇일까? 우리는 과연 언론을 얼마나 믿을 수 있을까? 뉴스 기사를 읽을 때마다 많은 생각을 하게 된다. 정치 논리를 합리화하기 위해 세상이 모두 알고 있는 진실조차 부정하는 데 열을 올리는 언론의 행태. 더 심각한 것은 그러한 언론을 철썩같이 믿는 사람들이 적지 않다는 사실이다.

그렇다면 독일인은 어떨까? 이 사람들은 교양서든 신문이든 방송이든 미디어를 무조건적으로 신뢰하지 않는다. 한마디로 국민을 대상으로 한 프로파간다propaganda가 매우 어렵다. 왜 이렇게 된 것일까?

그 원인은 하나는 역사에서, 하나는 교육에서 찾을 수 있다.

첫째는 독일인의 영원한 아킬레스건인 나치의 역사다. 2차 세계대전 당시 나치에 의해 600만 명의 유대인이 학살된 홀로코스트holocaust, 현대사에서 나치즘만큼 인간 잔인성의 극을 보여주었던 예는 없었다.

도대체 어떻게 그 많은 지식인들이 눈을 버젓이 뜨고 '아리안 민족 정화'라는 말도 안 되는 명목으로 인종 청소를 자행하는 히틀러의 준동에 놀아날 수 있었던 것일까? 그것이 가능하게 한 힘은 국민의 귀를 막고 눈을 멀게 한 미디어다.

히틀러의 뒤에는 그의 독재와 학살을 정당화하고 대국민 선전 선동에 앞장섰던 파울 괴벨스Paul Joseph Goebbels라는 비뚤어진 지식인이 있었다. 그가 만일 히틀러를 만나지 않았다면 독일인이 홀로코스트와 같은 엄청난 역사의 범죄를 저지르지 않았을 수도 있다고 말하는 사람들이 적지 않을 정도로 악명 높은 사람이다.

당시 대부분의 독일 국민들은 괴벨스가 장악한 언론이 전하는 대로 의심 없이 믿었다. 독재의 나팔수가 된 언론은 도덕과 정의, 관용, 애국심에 호소하며 지식인들을 설득하고 국민을 세뇌했다. 이런 역사적인 경험을 통해 독일인들은 미디어를 통한 우민화가 얼마나 무서운지 뼈에 사무치도록 알 수밖에 없었다.

둘째는 교육이다. 독일인이 국제학업성취도평가를 비판할 때 반드시 언급하는 내용은 독해 위주의 언어시험이다. 독일 언어시험과는 유형이 전혀 다르기 때문이다.

독일어와 영어를 포함한 언어 영역은 물론이고 역사와 정치, 사회도 마찬가지다. 독일 학교 수업은 교과서에 맞춰 수업 진도를 나가지 않는다. 교과서는 많은 참고 도서 중의 하나일 뿐, 교과서를 활용하고 안 하고는 교사의 자율에 맡겨져 있다.

대부분의 교사들은 교과서보다는 별도의 문학 서적들을 많이 이용한다. 예를 들어 작은아이가 6학년 때, 한 학기 세 번의 시험 중, 한스 페터 리히터Hans Peter Richter의 『그때 프리드리히가 있었다Es war einmal Friedrich』라는 책으로 두 번의 시험을 봤다.

한 학기의 3분의 2나 되는 시간을 교과서는 손도 대지 않고 이 책만 가지고 씨름했다. 큰아이는 5학년 정치 시간에 이 책이 교재였다. 여기서 중요한 것은 과목이 다름에도 독일어나 역사나 시험 유형이 거의 비슷했다는 데 있다.

저학년은 포맷이 정확하게 갖추어지는 것은 아니지만, 한국의 중학교 1학년 과정인 7학년 정도부터 13학년 졸업할 때까지 언어와 사회탐구 시험 문제는 문학 작품이나, 신문 사설, 혹은 역사의 경우 역사적인 사건을 조명하는 텍스트를 나눠주고 아래와 비슷한 세 문제를 출제한다.

1. 글의 개요 혹은 내용을 분석하라.
2. 이 글을 쓴 작가 혹은 기자가 어떤 수사나 화법을 이용해 자신의 생각을 독자들에게 전달하고 있는가. 작가가 이 글을 쓴 의도는 무엇인가. 작품과 연관된 작가의 성향과 정치, 사회적인 배경을 설명하라.
3. 이 글에 대한 당신의 견해를 밝혀라, 혹은 비평하라.

교사에 따라 약간씩 변형된 형태의 문제가 출제되기도 하지만 아비투어까지 고학년의 언어와 사회 과목의 시험은 이 세 가지 질문이 핵심이고, 보통 세 문제가 출제된다.

1번은 텍스트를 이해하였는지, 2번은 어떤 성향의 작가, 혹은 기자이기 때문에 예문에 제시된 글을 쓰게 되었나 배경 설명을 정확히 할 수 있는지, 단순한 독해가 아니라 시대상과 역사적 사건, 작가의 성향까지 정확하게 알고 그 글을 총체적으로 이해하는지를 평가하는 문제다.

3번은 정치면 정치, 역사면 역사, 문학 작품이면 문학 작품을 보는 자신의 관점과 비판 의식을 보여줘야 한다.

위의 문제들을 가만히 살펴보면 중요한 키가 2번에 들어있다. 점수 배점도 항상 2번이 가장 높다. 문학 작품을 읽든, 역사책을 읽든 수업 시간에 교사가 학생들에게 강조하는 내용은 저자가 쓴 글을 액면 그대로 믿어서는 안 된다는 것이다. 그 때문에 시험 준비는 작품과 관련된 시대상은 물론 작가 개인의 인생까지 두루 섭렵하며 깊이 있게 공부해야 한다.

왜 이 작가는 이런 주장을 했을까? 그 배경은 무엇일까? 정치 코멘트라면, 이 글의 정치적인 배경은 무엇일까? 이 기자는 진보적 성향인가 보수인가까지 언급해야 한다.

주입식 교육도 아니고 생각을 깊이 해야만 하는 이런 연습을 독일어, 영어는 물론 정치, 사회 과목에 걸쳐 7~8학년부터 13학년까지 수년 동안 계속한다고 생각해보자. 그런 훈련을 지겹도록 하고 학교를 졸업한 사람이 어떻게 신문 기사를 활자가 주는 의미 그대로 믿을 수 있겠는가? 이것이 바로 민주 시민으로서의 역량을 키우기 위한 독일 교육의 근간이다.

국정 교과서 없는 독일,
검인정 교과서도 폐지 움직임

국정 교과서에서 검인정 교과서로 전환되면서 한국 교육계에 일어나는 잡음들에 대해 어떻게 받아들여야 할까? 국정.교과서는 교육과학기술부에서 직접 출판하는 교과서이고 검인정 교과서는 사기업에서 출간된 책을 교과부에서 교과서로 사용 승인한 책이다.

검인정 교과서의 도입으로 생기는 문제들을 살펴보면 참으로 다양하다. 그중에서도 학교마다 교과서가 달라서 전학을 할 경우 새 교과서에 적응해야 하는 번거로움과 저작권과 관련된 불편함, 또 학교마다 다른 교과서로 인해 전근을 갈 때마다 이중 삼중으로 수업 준비를 해야 하는 교사들의 부담이 주로 많이 언급된다.

그러나 이 시점에서 우리는 단순하게 검인정 교과서를 비판하는 차원을 떠나 더 근본적인 문제들을 생각해봐야 한다. 국정 교과서에 익숙해

온 우리에게는 신기하고 놀라울 수도 있는 주제다.

독일에는 국정 교과서가 없다. 국정 교과서가 없을 뿐만 아니라, 검인
정 교과서조차도 폐지해야 한다고 주장하는 사람들이 많다. 이게 무슨
소리일까? 우리는 검인정 교과서 도입도 문제가 많다고 하는데 이것도
없애자니 말이다.

그 모든 논의의 기저에는 언론과 학문의 자유, 사상의 자유 등 기본
적인 인권이 버티고 있다. 출판사와 저자, 교사, 학부모, 학생이 국가가
정해놓은 범주에서만 교과서를 선택하도록 통제하는 것은 언론과 학문
의 자유를 침해하고 국민을 국가가 지향하는 이념에 가둬버리는 결과를
초래할 수도 있다는 것이다.

독일에서 국정 교과서가 존재했던 시기는 놀랍게도 바이마르 공화국
Die Republik von Weimar이 끝난 1933년부터 1945년까지 히틀러가 통치하던
나치 독재 시대였다. 나치는 모든 교과서를 중앙에서 통제하고 엄격한
검수 과정을 통해 제국주의 이념을 주입시키고 국민의 사상을 획일화시
키기 위한 도구로 활용했다.

2차 세계대전이 끝나고 독일 교육은 다시 이전처럼 각 주의 소관으로
이관된다. 주 교육부는 연방에 종속된 것이 아니라 적절한 연대를 통한
상호 협력 관계로 존재한다. 교과서의 관리 또한 주에서 담당하고 학교
는 주 교육부가 승인한 검인정 교과서를 사용하게 되었다.

그러나 최근엔 이러한 검인정 교과서조차도 폐지해야 한다는 주장이

꾸준히 제기되고 있다. 현재 16개의 주 중 노르트라인베스트팔렌과 바이에른, 헤센Hessen 등 7개 주는 검인정교과서를 사용하고 있고, 바덴 뷔르템베르크와 브레멘Bremen 등 5개 주는 전문 교육 연구소에 검인정을 위탁하고 있다.

독일에서 검인정 교과서가 가장 먼저 사라진 도시는 수도 베를린이다. 지난 2004년 베를린은 독일에서 첫 번째로 교과서 검인정 제도가 폐지되었다. 몇 년 후 슐레스비히홀슈타인Schleswig-Holstein과 자를란트Saarland, 함부르크Hamburg가 차례로 검인정 교과서를 버렸다. 이 주들은 학교가 자체적으로 교과서를 선정할 수 있다. 주 교육부는 교과서를 승인하지는 않지만 권장 도서 리스트를 만들어 각 학교에 배포하고 교사들이 참고하도록 한다.

검인정 교과서를 비판하는 사람들의 공통적인 주장은 검인정 제도는 교과서를 통해, 국가가 추구하는 이데올로기에 국민을 가두기 위한 도구로 사용될 위험성이 있다는 데 있다. 이들은 교과서 승인은 인쇄 매체의 검열 과정이라며 자유민주주의에서 있어서는 안 될 제도라고 강도 높게 비판한다.

그러나 이러한 비판에 반론을 제기하는 사람들도 있다. 어느 정도의 검열을 거치지 않는다면 신성한 교육 현장에 무차별한 상업주의나 오히려 극우 이념이 스며들 위험성이 있다는 것이다. 교과서를 대하는 자세도 어쩌면 우리와는 이리도 다를까.

CHAPTER 3

학교 폭력,
처벌보다는
예방교육이
우선

테러학교 오명 벗고
독일 교육 오아시스 되다

2006년 베를린 뤼틀리Rütli 학교 교사들은 더 이상 극에 달한 학교 폭력을 통제할 수 없는 상황에 직면하자 교육 당국에 구호 요청 편지인 브란트브리프Brandbrief를 아래와 같은 내용으로 보냈다.

"수업 준비를 해오는 학생들은 몇 명 되지 않으며, 수업 시간에 교사를 향해 물건을 던져도 교사의 훈계가 전혀 무시되는 상황이니 칠판을 향해 돌아서기가 무섭다. 수업에 들어갈 때는 긴급 구호 요청을 위해 핸드폰을 필수로 지참해야 한다.

교실 문을 발로 차고, 휴지통을 축구공처럼 차고 노는 일이 예사, 벽에 걸려 있는 액자 틀을 부수는 등 기물 파손은 갈수록 늘어나고 있다. 몇몇 학급은 학생의 50%가 조직 폭력배와 같은 폭력을 학교에서 저지르고 있다. 부모들과의 대화도 불가능하다. 아무리 약속을 해도 나타나지 않고 언어가 통하지 않으니 전화 통화도 쉽지 않다.

학생들의 폭력과 불경은 학교 폭력 이전에 인간에 대한 반항심의 표시인 것 같다. 우리는 더 이상 이 학교에서 교육할 방법을 찾을 수 없다. 우리 교사들은 법과 정치의 사각지대에 외로이 서 있는 느낌이다. 학교를 폐쇄하든지 교내에 경찰 인력을 배치해달라."

이 소식은 삽시간에 독일 전역에 퍼져 나라 전체가 발칵 뒤집혔다. 정치계는 진보와 보수로 나뉘어 교육과 이민 정책에 대한 갑론을박을 이어갔고, 베를린 시는 주 정부 차원의 대안 모색에 골몰했다.

매년 한 해를 마감하면서 최대 화제와 이슈를 선정하는 잡지 《슈피겔 Der Spiegel》이 2006년 3월의 톱뉴스로 '뤼틀리 학교 브란트브리프 사건'을 선정할 정도로 독일인들은 극에 달한 학교 폭력 앞에 말문을 잃었다. 이 사건으로 당시 국제학업성취도평가에서 저평가된 교육 수준에 집착하던 독일 교육계에 학교 폭력 문제가 더 심각한 당면 과제로 부상하게 되었다.

뤼틀리 학교는 엄밀히 말하자면 독일인의 학교가 아니다. 피를 중시하는 사람들의 입장에서 본다면 골치 아픈 외국인 2세들의 문제다. 독일에서 가장 가난한 주 베를린, 그중에서도 제일 가난한 사람들이 살고 있는 노이쾰른Neukölln 지역에 있는, 학생의 83%가 터키, 레바논, 세르비아, 폴란드 등지에서 이주해온 노동 이민 2세로 이루어져 있다. 그러나 독일인은 바람 잘 날 없는 이 학교를 골치 아픈 이주민의 문제로만 치부해버리지 않았다.

'이 아이들이 인간 구실이라도 할까'라고 생각될 정도로 바닥까지 내려간 학교, 그리고 이를 살리기 위한 이 사회의 노력은 감동적이다. 더이상 고민하지 않고 문을 닫아버렸어도 크게 문제 되지 않았을 텐데 베를린 정부와 교육부, 시민 사회는 포기하지 않았다.

학교는 임시 교장 체제로 위탁 운영되다가 2009년 코둘라 헤크만Cordula Heckmann 교장이 부임하면서 변하기 시작했다. 기존에는 초등 6년을 마치면 인문계인 김나지움과 실업계인 레알슐레, 하우프트슐레Hauptschule로 나누어 진학하던 제도를 하나로 통합하여 초등학교부터 12학년까지 전 과정을 한 학교에서 수료할 수 있는 종합 학교로 시스템을 전환했다.

이제 아이들은 초등학교를 졸업한 뒤 성적과 관계없이 모두 상급 학교에 진학하고 10학년을 마치면 원할 경우 아비투어 준비반에 들어가 12학년까지 공부할 수 있다. 또 취업을 원하는 학생은 아우스빌둥과 직업학교를 병행하는 이원제 직업교육을 받는 길을 선택할 수 있게 되었다.

초등학교부터 12학년까지의 전 과정을 제공한 이 새로운 시스템은 아이들에게 용기를 주었고 '나도 학교에 열심히 나가면 대학도 갈 수 있고 아우스빌둥도 할 수 있다'는 희망을 갖게 했다.

단순히 학교 제도만 바뀐 것이 아니다. 종합 학교 시스템을 도입하면서 2008년부터 베를린 주 정부와 교육부는 학교 시설 정비와 인력 보충을 위해 2700만 유로, 당시 원화 약 400억 원이라는 엄청난 기금을 투입했다. 게다가 '1평방 킬로미터의 교육Ein Quadratkilometer Bildung' 재단과 여러 단체에서 50만 유로를 10년 동안 기부하겠다고 약속했다.

뤼틀리 학교는 종일반을 위한 학생 식당을 짓고 물리와 화학, 생물, 음악, 미술 등 자연과학과 예체능 수업을 전문으로 할 수 있는 학습실을 학습 도구, 기자재를 갖춰 마련했다.

특히 미술 수업을 위해서 목공실, 금속 공예실을 따로 설치하고, 네 개의 컴퓨터실, 학생을 위한 문화 중심 공간이기도 한 최신 멀티 시스템을 갖춘 두 개의 스포츠 강당을 지었다. 또한 유명한 독일 예술가 귄터 에버츠Günter Evertz와 함께 교내에 학교 박물관을 설립하기도 했다.

학교 수업만으로
1인 1악기 연주

'한 사람의 낙오자도 없는 모두를 위한 학교'라는 슬로건을 내건 뤼틀리 학교는 더욱 철저히 교내에서 차별을 금지하고 학생을 위주로 학교와 교실의 모든 시설과 분위기를 바꿔나갔고 개별 보충 수업으로 성적 부진아들을 끌어올리는 데 공을 들이기도 했다.

8시부터 16시까지 학교에 머무르는 동안 학생들은 오후 시간에 다양한 선택 과목들을 만날 수 있고 독일어와 영어, 수학 등 중요 과목을 중심으로 한 폭넓은 보충수업 프로그램을 운영한다.

방학 때는 방학 캠프를 개최해서 가정에서 돌볼 수 없는 아이들을 학교가 책임지기를 주저하지 않았다. 또한 넓은 학교 식당을 이용, 점심 밴드를 조직해서 학생들의 참여를 유도하기도 하고 다양한 여가와 학습을 위한 프로그램으로 등산 코스, 체스반, 타악기반, 현악기반, 관악기반, 탁구반, 컴퓨터반, 연극반, 터키어반, 아랍어반, 악기반을 만들었다.

특히 음악실에는 드럼, 색소폰, 플루트, 전자 피아노 등 모든 종류의 악기를 구비해놓고 누구든 원하면 배울 수 있도록 했다. 사실 이러한 음악 수업은 비싼 학비 내고 다니는 귀족 사립학교에서도 쉽지 않은 수준이다.

한국보다는 당연히 저렴하지만 평범한 독일 가정에서도 악기 하나 가르치려면 적지 않은 비용을 계산해야 한다. 독일도 악기는 스포츠보다는 비싼 사교육에 속하는데, 이 학교에서는 원하면 누구든 어떤 악기든 무료로 배울 수 있는 것이다. 피아노, 바이올린, 플루트, 색소폰, 클라리넷, 드럼까지, 학생들은 별도의 개인 교습 없이 학교 수업만으로 '1인 1악기'를 연주한다.

취재를 위해 뤼틀리 학교를 방문했을 때 도저히 믿기지 않아 음악 시간이 끝나고 학생들에게 개별적으로 물어봤으나 악기를 위해 개인 교습을 받은 적이 있는 학생은 단 한 명도 없었다. 아니, 이 학교에서 악기를 배울 정도의 여유 있는 학생들을 만난다는 것조차 사실은 어려운 일이었다.

훗날 국가를 이끌어갈 엘리트 인재들에게는 무관심하다는 인상을 지울 수 없었던 독일 교육, 그러나 소외 계층이 다니는 문제 학교를 위해서 그토록 큰 열정과 재원을 쏟아붓는다는 사실이 놀라웠다.

학교에 상근하는 네 명의 사회복지사들은 상담은 물론, 휴식 시간에 운동장에서 학생들과 함께 놀아주기까지 할 정도로 아이들과 밀접한 관계를 맺고 있다. 또한 학교 폭력을 위한 특별한 기구로 분쟁조정위원회인 슈트라이트슐리히트Streitschlicht를 운영한다. 운동장이나 학급에서 일어나는 사소한 싸움은 특별하게 분쟁 조정 교육을 받고 자격증을 받은 학생들의 중재하에 당사자들이 스스로 대화를 통해 해결한다.

분쟁 조정실에는 복싱 샌드백이 매달려 있다. 친구와 싸우고 나서라든지 심한 싸움으로 화를 참지 못하는 학생은 이 방에 들어와 샌드백을 두드리며 화를 달랜다. 분쟁 조정 위원을 담당하고 있는 학생들의 전언에 의하면 예전에는 이 샌드백을 두드릴 일이 많았지만 최근엔 거의 없을 정도로 학교 내 폭력이나 싸움이 줄었다고 한다.

최근 들어 뤼틀리 학교는 또 다시 언론의 주목을 받고 있다. 이번에는 완전히 반대의 상황이다. 과거 '베를린 노이쾰른의 테러학교'라는 오명으로 독일을 떠들썩하게 했던 학교는 이제 '독일 교육의 오아시스'라는 찬사와 함께 학교 폭력 예방교육에 관심 있는 수많은 언론인과 교육자들의 방문이 끊이지 않는다.

독일 교육계는 학교 폭력에서 빠져 나온 이 학교가 교육 현장으로의 직접적인 지원이 학교 변화를 위해 얼마나 중요한지 보여준 성공적인 사례라며 고무되어 있다. 많은 사회학자들 또한 이와 같은 엄청난 예산 투입이 손실이 아닌 투자로 머지않은 미래에 결과가 나타나게 될 것이라고 진단했다.

헤크만 교장은 자신의 노력 중 가장 실효를 거둔 방법에 대해 하나는 모국어 교육, 다른 하나는 부모들을 학교로 끌어들여 자녀교육에 관심 갖게 한 일을 꼽았다.

그동안 아랍계 이민 2세 교육에서 심각한 문제는 언어였다. 독일에서 태어났지만 가정에서 부모들은 모국어로 소통하면서 독일어를 가르치려는 의지가 없었다. 또한 많은 아랍계 여인들은 독일에 살면서도 독일어를 전혀 못하기 때문에 이들과 소통할 수 있는 독일어를 어떻게 가르칠 것인가가 독일 이민 2세의 문제 중 큰 부분을 차지했다.

독일에서 태어났음에도 독일어가 유창하지 못한 아랍계 이민 2세들을 관찰한 결과 그들은 가정에서 모국어 역시 완벽하게 구사하지 못하고 있었다. 학교는 모국어가 유창하면 독일어도 더 쉽게 배울 수 있다는 사실에 착안하여 학생들에게 모국어를 가르치기 시작했다.

이를 위해 이 지역 국민 교육 기관인 폴크스호흐슐레Volkshochschule와 긴밀한 협의를 통해 학생들의 모국어 강의를 개설하고 자격증까지 이수할 수 있는 기회를 마련해주었다. 그 방법은 정확히 맞았다. 모국어 실력이 성장한 학생들은 독일어도 조금씩 좋아져갔고, 부모들의 관심 또한 적극적인 방향으로 선회했다.

헤크만 교장은 자녀교육에 무관심하기만 했던 부모들을 만나기 위해 다양한 이벤트를 마련했다. 교사와 학부모 간의 면담이 아니라 다과를 나누며 서로 눈을 마주치고 미소라도 주고받을 수 있는 시간을 늘여갔다.

처음에는 학교 오기를 꺼려했던 부모들이 조금씩 아이들 일에 관심을 갖고 교사의 말에 귀를 기울이며 마음을 열기 시작하니 바로 아이들이 변해간다는 것을 느낄 수 있었다고 한다.

뤼틀리 학교가 폭력에서 벗어나는 데 기여한 가장 큰 원동력은 사회 구성원 전체다. 베를린 주 정부와 수많은 교육자와 사회학자들의 조언이 있었고 막대한 예산이 투입되었다. 여기서 더 중요한 사실은 그 예산이 가치 없는 곳에 쓰이지 않고 정확하게 아이들의 교육 환경을 개선하고 도움이 필요한 아이들에게 도움을 줄 수 있는 적소에 투입되었다는 것이다.

학교 폭력이 교사나 학생, 학교만의 문제가 아닌 사회의 총체적인 위기임을 인식하고 적극적이면서도 구체적으로 대처하여 마침내 학교 전체가 폭력에서 구출될 수 있었던 것이다. 사회 전체가 문제의식을 공유하며 함께 머리를 맞대고 고민하고 노력한 결과다.

학교 폭력 예방교육은
시간이 필요하다

몇 해 전 일주일 동안 한국에서 온 취재팀들과 함께 독일 학교와 여러 교육 전문가들을 만나 학교 폭력과 왕따에 관한 예방 프로그램들을 살펴보며, 최근의 한국 교육계의 학교 폭력 예방을 위한 움직임들에 관한 이야기도 함께 나눠보았다.

독일의 여러 교육 전문가와 선생님 들을 인터뷰하는 동안 가장 인상에 남았던 이야기는 학교 폭력은 절대로 하루아침에 해결할 수 없는 문제라는 지적이다.

그들은 하나같이 학교 폭력은 비단 학교만의 문제가 아니라고 강조했다. 교사의 문제도 학생의 문제도 아니다. 그 사회의 어두운 일면들이 쌓이고 쌓여서 폭력이라는 모습으로 나타날 뿐이라는 것이다. 때문에 학교 폭력을 예방하기 위해서는 학교가 아닌 그 사회가 안고 있는 가장 근본적인 문제가 무엇인지 관찰하고 연구하는 데서 출발해야 한다는 것이다.

한국 학교의 문제를 알고 있는 독일 전문가들의 같은 지적에 따르면 우리는 이 문제를 지나치게 성급하게 해결하려 하고 있다. 학교 폭력은 절대로 졸속으로 제정된 법이나 제도로는 효과를 볼 수 없는 복합적인 사회 문제다.

현재 독일 대부분의 주는 자체적으로 다양한 학교 폭력과 왕따 예방 프로그램들이 시행되고 있다. 현재 가동되고 있는 독일의 수많은 예방 프로그램들이 도깨비 방망이를 휘두르듯 하루아침에 뚝딱 탄생한 것은 아니다.

아헨의 오버포스트바흐Oberforstbach 초등학교 피셔Fischer 교장 선생님은 이러한 결과에 대해 "독일은 학교 폭력과 왕따 문제에 대해 이미 30~40년 전부터 심각하게 고민해왔다"고 했다. 학교 폭력 문제는 현재 예순이 다 된 그녀가 대학에 다닐 때도 진지하게 논의되었다는 것이다. 그 결실이 최근 10여 년 동안 드디어 꽃피우고 있다고 했다.

또한 선생님은 독일을 방문했던 한국 교사들이 학교 폭력 예방 담당 교사에게 한결같이 "지금 우리 학교에는 이런 학생이 이런 문제를 일으키고 있는데 어떻게 하는 것이 좋을까요?"라는 질문을 한다고 들었다며, "독일에서 누구도 이 문제에 대해 속 시원히 대답해줄 수 없을 것"이라고 안타까워했다.

대부분의 독일 교육 전문가들은 "사건 발생 후의 처리법은 결코 해결책이 될 수 없다"고 강조했다. 가장 중요한 것은 예방이요, 이를 통해 인성을 변화시키고 아이들을 행복하게 해주는 장기적인 안목만이 폭력에서 멀어질 수 있는 유일한 방법이다.

현재 한국에서 주로 거론되고 있는 사후 대처법은 진정 해답에 접근하는 방법이 아니라는 사실을 학교 폭력에 대해 한 발 앞서 연구한 교육 전문가들을 만나면서 거듭 확인할 수 있었다. 당장의 문제보다 좀 더 멀리 내다보며 차분히 우리 사회의 문제를 점검하고 근본적으로 바꾸려는 노력이 중요하다.

학교 폭력에 관한 해법을 찾아보겠다며 독일을 방문했던 대부분의 한국 교사들이나 교육 전문가들은 만족할 만한 결실을 거두지 못하고 돌아가는 것이 보통이다. 그도 그럴 것이 독일도 이 문제를 두고 수십 년을 넘도록 고민해왔고, 여전히 대책을 찾기 위해 노력하는 과정에 있다. 또한 이들의 대책이라는 것은 당장 손에 잡히지 않는 장기적인 프로젝트들이기 때문이다.

폭력 예방교육의 핵심은
멘탈 트레이닝

'학교 폭력', '왕따', '학생 자살'. 어느 나라나 작금의 교육이 당면한 가장 큰 문제는 성적도 경쟁도 아닌 바로 이 문제다. 한국도 교과부나 교육청에서 노력하고 있지만 실효성이 있을까 고개를 갸웃거리게 된다.

위로부터 하달되는 대책은 어떻게 생각하면 가장 빠른 효과를 기대할 수 있을지는 모른다. 그러나 강요에 의한 대처법은 진정한 변화를 가져올 수 없다. 학교 폭력과 왕따는 학생 개개인의 인성과 도덕의 문제다. 결코 강요에 의해서 번갯불에 콩 구워 먹듯 하루아침에 해결될 수 있는 사안이 아니다.

정부의 학교 폭력 대책이 발표될 때마다 한국 사회의 고민 수위가 감지될 정도로 심각성이 느껴진다. 수시로 공청회를 열어 다양한 이야기를 듣는 것도 중요하고, 복수 담임제도 중요하다.

피해 학생 신고 체계를 통합 운영하는 것도 의미 있고, 학교장과 교사의 역할 및 책임을 강화하는 것도 필요하다. 피해 학생은 우선 보호되어야 하며 신속한 치유를 지원하고, 가해 학생은 엄중한 조치와 재활 치료를 병행하는 것도 당연하다. 또한 예방교육을 확대하는 대책도, 학부모 교육도 있어야 한다.

그런데 정부든 교육청이든 우리의 정책들은 속전속결, 당장 빠른 결과를 기대하는 조급함에서 벗어나지 못 한다. 그에 반해 독일의 방안들을 보면 밑에서부터 차근히 다져간다는 느낌이 든다.

독일의 학교 폭력 대책은 전적으로 학교 자율로 이뤄지고 있고 주 정부는 민간단체와 협력하여 프로그램을 연구하고 구체적인 매뉴얼을 개발하여 선보이는 데 주력한다. 또한 각 대학 산하 연구 기관들은 프로그램이 얼마나 영향력이 있는지 통계를 내고 학문적으로 검증, 보완, 발전시키기 위해 골몰한다.

얼마 전 교육받은 '행복 수업'이 바로 학교 폭력 예방교육이었다. 강의를 듣고 수업에 참여할 때마다 독일의 학교 폭력 예방교육이 아주 구체적이라는 생각을 했다. 이 수업의 목적은 학생 하나하나의 인성 변화다.

어떻게 모든 아이들을 바꿀 수 있단 말인가. 물론 가정환경이 다른 아이들을 정해진 수업을 통해 근본적으로 변화시킨다는 것은 불가능하다. 그러나 그럼에도 포기하지 않는 것이 바로 교육자들의 믿음이다. 모두를 바꾸겠다는 당찬 목표를 세우고 달려들면 절반이라도 건질 수 있다고 믿고 투자한다.

현재 독일에서 진행되고 있는 안티 폭력 프로그램들은 개발자나 단체에 따라 '행복 수업', '안티모빙 프로젝트', '폭력으로부터 자유로운 학교' 등 이름은 달리하고 있지만 그 핵심은 모두 멘탈 트레이닝으로 같다.

행복 수업은 학생들에게 자의식과 자신감, 긍정적 사고, 집중력, 인지력, 적절한 긴장과 이완, 움직임과 표현, 함께하며 기쁨을 발견하는 방법 등을 가르치는 교육 과정이다. 뜬구름 잡기식의 이론 학습이 아니라 정신 훈련을 통한 직접적인 변화를 목표로 하고 있다.

행복 수업과 같은 안티 폭력 프로그램들을 시행하는 독일 교사들과 전문 기관, 연구소 들은 멘탈 트레이닝이 학교 폭력에 직접적으로 영향을 미치려면 지속적이어야 한다고 강조한다. 일회성으로 끝나는 교육은 그 순간만 반짝 효과를 보이다가 시효를 다하면 다시 원상태로 돌아가 버린다는 것이 이들의 주장이다.

결론적으로 학교 폭력 대책에 관심을 쏟아야 할 부분은 예방교육이고 이를 위해 정신 훈련 프로그램을 적극 개발하고 보급하는 일도 한 가지 방법일 수 있다. 중요한 것은 이 또한 일회성으로 끝나서는 안 되고 정규 수업에 도입하는 등 지속적인 관리와 관심이 필요하다는 점이다.

또한 내가 참관해본 독일의 학교 폭력 예방수업에서는 정해진 교재를 본 적이 없었다. 실제로 아이들을 움직이고, 뛰게 하고, 생각하게 하고, 울게 하고, 웃게 하는 교육이 먼저였다. 공부에 지친 아이들에게 스트레스에서 벗어나게 하겠다며 다시 읽을거리를 제공해 부담을 주는 것은 답이 아닌 것 같다.

안티모빙 교육

학교에서 '왕따'로 인한 사고들이 자주 일어나면서 자살로까지 이어지는 등 심각한 사회 문제로 거론되고 있다. 그러나 자살이라는 끔찍한 사건이 일어난 다음에야 호들갑을 떨며 그 심각성을 이야기하지만, 사실 왕따는 예나 지금이나 아이들 주변에 항상 있어왔다. 다만 어른들이 가볍게 여기고 방치했기 때문에 더 커졌을 뿐이다.

왕따는 어느 날 갑자기 시작된 학교 문제는 아니다. 내가 어릴 때도 그랬고 그보다 더 오래된 옛날부터 존재했다. 그러나 갈수록 늘어나는 스트레스와 가정교육의 부재, 정신적으로 예민해진 청소년 사이에서 그 정도가 심각해지면서 수면 위로 드러나고 있는 것이다.

독일도 마찬가지다. 일주일에 50만 건의 '모빙Mobbing'이라는 왕따 사건이 발생하고 여섯 명 중 한 명이 경험한 것으로 연방 통계청 자료에서 확인할 수 있다. 이렇게 정확한 통계를 확인할 수 있다는 것은 이 사회가 왕따를 얼마나 심각한 문제로 인식하고 있는지를 의미한다.

독일과 한국의 중요한 차이라면 독일에서는 폭력을 동반하지 않은 왕따 문제 또한 대단히 진지하게 다루고 있다는 사실이다. 학교에서 모빙이 일어나면 폭력이 있건 없건 교장실이 발칵 뒤집히고 교사 회의가 소집될 정도다.

아이들이 다치고 큰 사고가 났다면 당연하겠지만 그렇지 않은 경우에도 모빙은 엄청난 사건이다. 모빙을 단순한 왕따라는 의미로 가볍게 이야기하지 않고 '모빙 테러'라는 말까지 사용하며 경각심을 불러일으킨다.

특히 최근에는 인터넷을 통한 사이버 모빙이 새롭게 사회 문제로 등장하고 있는데, 인터넷은 통제가 어렵기 때문에 심각성이 더 크고 언론에도 자주 오르내린다.

이러한 모빙의 심각성은 학교뿐 아니라 사회적으로도 적극적인 관심을 보여 각 지역의 대학을 중심으로 활발하게 연구되고 있으며 학교 현장이 꾸준히 시험대에 올라 해결책을 모색하고 있다.

베를린 자유대학 교육 연구팀은 '페어플레이'라는 이름의 안티모빙 수업 콘셉트를 만들어 학교 현장에 배포했다. 전 학년을 대상으로 프로젝트 형식으로 이루어지는 이 프로그램은 일주일 동안 총 열일곱 시간의 수업을 통해 학생들에게 모빙에 대한 구체적인 교육과 함께 심각성을 주지시킨다.

수업은 '인간이 살아가면서 도덕이 필요한 이유는 무엇인가'를 주제로 연기를 하는 상황극 체험과 토론을 하는 사회성 함양 교육이 주를 이룬다.

그런데 왕따를 당해보지도 않고 가해자도 아닌, 관련이 전혀 없는 학생까지 이 교육을 의무적으로 받아야 한다는 점에 의문을 제기하는 학부모들이 더러 있었다고 한다.

베를린 자유대학 연구팀은 이에 대해 왕따의 희생자나 가해자가 아니라도 그러한 상황을 목격하고도 문제 삼지 않고 침묵하는 행위는 방조죄라고 설명했다. 이 부분은 독일인의 교육 이념을 잘 보여주는 부분이기도 하다. 나만 관련 없으면 어떤 일이 일어나도 상관없다는 개인주의적인 생각은 종래에는 사회 전체를 위험에 빠뜨릴 수 있기 때문이다.

안티모빙 프로젝트 주간 수업은 베를린 지역의 7학년부터 9학년까지의 학생들을 대상으로 시행되어 큰 성과를 거두었다는 평가를 받고 있다. 수업을 받기 전에는 왕따를 경험한 학생이 24%였으나 수업 후 12%로 줄었으며, 가해자도 24%에서 19%로 감소했다고 한다.

무엇보다 현장에 있는 교사들의 반응이 매우 긍정적이었다. 거칠게 감정을 표현하는 학생들이 눈에 띄게 줄었다는 것이다. 베를린 시범학교에서 성공을 거둔 안티모빙 프로젝트는 현재 독일 전역으로 보급되고 있다.

브레멘의 잔트웬Sandwehen 학교에서도 '왕따와의 싸움'을 선포하고 안티모빙 프로젝트 수업을 진행했었다. 교사들은 주 교육 연구소에서 안티모빙 연수를 받고 이 수업을 주관한다. 프로젝트 주간 수업에서 학생들은 다양한 발표를 통해 모빙의 문제가 무엇인지, 그에 따른 공포감과 우려, 자신이 경험한 왕따에 대한 기억을 털어놓으며 의견을 교환하고 함께 해답을 얻기 위해 노력한다.

헤센 주는 주 문화부와 건강 보험사가 연합해서 '왕따 없는 학교'라는 슬로건으로 현장 교육을 하고 있다. 헤센 주는 이 프로젝트를 위해 1000여 개의 안티모빙에 관한 교사 수업 자료와 학부모 정보 등을 제작 및 배포하고 있다. 이밖에도 수년 전에 이미 12개 학교를 시작으로 안티모빙 수업을 하고 있는 함부르크 주도 좋은 모범 사례다.

수업권 박탈당한 학생 위한
트레이닝 교실

'교실의 문제아를 어떻게 다루어야 하는가?'는 모든 교사들의 공통된 고민이다. 교육이란 교사와 학생, 학부모가 믿음을 가지고 한 마음으로 협력해서 나아갈 때 진정한 성과를 얻을 수 있다.

독일 교사에게는 학생의 수업권을 박탈하고 퇴학까지 시킬 수 있는 페어바이중Verweisung이라는 징계권이 있는데, 이에 대해 반감을 갖는 한국 학부모들의 이야기를 들어본 적이 있었다. 수업을 방해한다고 학생의 수업권을 박탈하는 것은 진정한 교육이 아니라 문제아를 버리는 처사라는 것이다.

이 부분에 대해서는 진지한 고민과 함께 냉정한 판단이 동반되어야 한다. 만약 40명의 학생 중 한 명의 문제아 때문에 교사는 수업을 더 이상 진행할 수 없을 정도고, 나머지 39명의 학생도 정신적으로 스트레스를 받아야 한다면 교사가 어떤 판단을 내리는 것이 현명할까? 당연히 다수 학생을 보호하고, 교사의 수업권도 찾아야 하는 것이 이치일 것이다.

독일 교사들이 페어바이중 권한을 고민 없이 행사하는 것은 다음과 같이 주의 학교법과도 관련이 있다. 분명히 법에 명시된 권리를 침해당해서는 안 된다는 논리다.

첫째, 학생은 좋은 수업을 받아야 할 권리와 함께 수업을 방해하지 않아야 할 의무가 있다.

둘째, 교사는 방해받지 않고 수업할 권리가 있고 수업을 혼란 없이 잘 유지할 의무가 있다.

셋째, 이러한 학생과 교사의 권리와 의무는 우선적으로 보장되고 존중받아야 한다.

그렇다고 교실을 쫓겨난 학생에게 시간을 허비하게만 한다면 또 다시 악순환이 계속되는 것이다. 학교는 당연히 그 학생에게 맞는 교육을 준비해야 한다.

독일에는 이런 학생들을 위해 '트레이닝 교실'을 운영하는 학교도 있다. 트레이닝 교실이라고 하면 체육실 같기도 하지만 스포츠 공간은 아니다. 수업 시간에 교칙을 어기고 교사와 다른 학생의 수업을 심하게 방해하는 학생은 교사로부터 트레이닝 교실 행을 명령받는다.

이 '트레이닝 교실' 콘셉트는 본래 미국에서 만들어졌다. 독일 빌레펠트Bielefeld라는 도시의 한 학교에서 미국 프로그램을 독일 학교에 맞게 적응시켜 성공했고, 현재 노르트라인베스트팔렌 주의 많은 학교들에서 운영하고 있다.

트레이닝 교실이 없는 학교에서 보통 문제아를 훈육하고 벌을 주는 일은 교장의 역할이다. 그러나 트레이닝 교실을 운영하는 학교에서는 기존에 교장이 하던 일을 학교 폭력 전문 교사가 담당한다.

이 교실에는 보통 10~12명 정도의 학생이 앉을 수 있도록 책상이 마련되어 있고 보통 한 학교에 한 명의 선생님이 교육을 전담한다. 담당 교사는 학교 폭력과 왕따 등에 관한 교육을 받은 전문 인력이다. 교사들은 보통 학교 심리사나 전문 상담 교사의 지원을 받기도 한다.

문제를 일으킨 학생이라고 트레이닝 교실에서 벌을 받는 것은 아니다. 이 교실 안에서는 오히려 더 민주적이고 자율적으로 교육이 이루어진다. 독일어나 영어, 수학이 아니라 자신의 행동에 대해 깊이 성찰하면서 스스로 문제를 찾아보는 시간이다. 그렇다고 트레이닝 교실 행을 명받은 학생이 정규 수업 시간에서 완전히 제외되는 것은 아니다. 정해진 시간 동안만 참가하고 정규 수업은 계속 받을 수 있다.

트레이닝 교실에 오면 가장 먼저 아래와 같이 다섯 개의 질문에 답해야 한다. 이 다섯 질문은 학생이 자신의 행동을 의식할 수 있도록 유도하기 위한 과정이다.

1. 지금 너는 무엇을 하고 있니?
2. 어떤 학칙을 어겼을까?
3. 이 규칙을 어기면 무슨 일이 발생할까?

4. 지금 무슨 생각을 하고 있니?

5. 만약 또 이런 일이 생긴다면 어떻게 될까?

여기서 5번 문제가 학생에게 미치는 심리적인 영향력은 의외로 크다고 한다. 아이들은 5번 문제를 풀면서 다음에 똑같은 잘못을 하면 이 문제는 다시 나오지 않는다는 것을 인식하고 '그렇다면 어떤 일이 일어날까?' 에 대해 자연스럽게 고민하게 된다.

교사는 학생들이 스스로 학칙을 지키고 바르게 행동하기 위해서는 어떻게 해야 할지 계획을 세우게 하고, 자신이 세운 목표를 달성할 수 있도록 도와주는 역할을 한다.

트레이닝 교실은 학교 부적응 학생에게 사회성과 인성을 키워주는 장소다. 이는 본래 가정에서 이뤄져야 할 교육이지만 현대 사회는 맞벌이나 이혼 후 편부모의 양육을 받는 아이들이 많기 때문에 전통적으로 가정에서 이루어지던 교육을 학교가 맡게 된 것이다. 학교 폭력을 잠재우려면 학교가 가정교육까지 담당해야 한다는 주제는 최근 독일의 학교 폭력과 관련된 토론에서 가장 많이 언급된다.

그런데 트레이닝 교실로 보내도 계속해서 교사의 말을 듣지 않고 그곳에서도 수업을 심하게 방해하거나 말이 통하지 않는 등 해결이 안 되는 학생이 있다. 이런 학생은 스스로 어떻게 해야 하는지 결정하게 하고 보통 학생이 원하면 집으로 돌려보낸다. 집에 부모가 없거나 돌려보낼 수 없는 상황이면 정규 수업이 끝날 때까지 독방에서 혼자 할 수 있는 과제를 내주고 다음날 학부모를 호출한다.

CHAPTER 4

교권 없는 교육은 없다

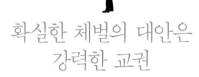

확실한 체벌의 대안은
강력한 교권

오늘날 학생들의 심각한 정서 불안과 폭력, 심성, 학습 태도 등의 모든 문제들이 학교가 아닌 가정에서 온다는 논리에 대해 나는 99% 찬성한다. 모든 교육학자들이나 교사들이 강조하는 것처럼 교육은 가정에서부터 시작한다. 그것은 동서고금을 막론하고 같을 것이다.

독일도 그렇다. 문제 학생의 뒤에는 항상 문제 부모가 있다는 것은 여러 교육학자의 연구나 통계, 언론에 의해 너무나 잘 알려진 사실이다. 독일 아이들이 교사에게 하는 짓을 보면 한국 교사들은 아마 뒤로 넘어질 정도로 놀랄 일이 많을 것이다. 한국적인 시각으로 본다면 교육이 무너졌다고밖에 말할 수 없다. 선생님의 훈계에 한마디도 지지 않고 대들기 일쑤고 사리에 맞지 않는다고 생각하면 끝까지 자기주장을 굽히지 않고 교사와 맞서 싸우는 일도 종종 있다.

여기 아이들은 그만큼 자유롭게, 자기주장을 확실히 밝히고, 자신에게 주어진 인권에 대해 지나치게 잘 알고 있다. 그런데 그럼에도 학교에서는 체벌이라는 말 자체를 상상할 수 없다. 그렇다면 학생이 학교에서 문제를 일으킨다거나 수업을 방해하면 어떤 처벌을 받을까?

첫째, 수업을 방해하면 수업권을 박탈한다. 수업 시간에 계속 떠들거나 엉뚱한 소리를 하면 교실 밖으로 나가야 한다. 단순한 수업 방해가 아니라 그 정도가 심각하면 교장에게 보낸다. 교장은 문제 학생을 직접 상담한 후 반성문이나 방과 후 자습 등, 그에 합당한 벌을 준다. 자신의 아이가 수업을 방해해서 교실 밖으로 쫓겨났다고 수업권 보장 운운하는 부모가 있다면 독일 교사들은 아마 '다른 학생의 수업권을 보호하기 위해서'라며 당당히 맞설 것이다.

둘째, 숙제를 세 번 이상 안 해 온다거나 계속 말썽을 피우면 학부모에게 편지로 알린다. 독일 저학년 학생들은 가방 안에 미타일룽스헤프트Mitteilungsheft라는 작은 수첩을 가지고 다니게 한다. 엄마가 선생님에게 할 말이 있을 때나 교사가 학부모에게 전할 말이 있을 경우 이 수첩을 사용한다. 이 수첩에 적어 보내거나 개별적으로 편지를 보내거나 학부모를 호출, 상담하고 집에서부터 아이를 바로 잡아줄 것을 청한다.

셋째, 수업을 방해하면 수업권을 박탈할 수도 있지만 담당 교사 혹은 교장 선생님에 따라 사건의 경중을 따져 방과 후 한두 시간 정도 자습이나 반성문을 쓰게 하거나 숙제를 과중하게 내주기도 한다. 독일에서 방과 후에 공부를 더 하라는 것은 이들에겐 대단히 큰 처벌이다.

넷째, 학생 평가권을 통해 교권은 더욱 강력해진다. 김나지움 고학년부터의 시험은 내신 성적에 포함되는데, 각 과목 점수의 50%는 교사의 고유 권한이다. 수업 태도 점수가 50%나 되는 것이다. 수업 태도가 불량한 학생은 아무리 시험을 잘 봐도 좋은 성적을 받기란 불가능하다.

물론 수업 태도와 발표력이 좋은 학생이 성적도 좋은 것은 당연한 일이지만 교사에게 이렇게 엄청난 교권을 줌으로써 학생 스스로 수업 태도를 바로 할 수 있게 한다. 물론 독일에서는 없는 일이지만, 한국처럼 학원에서 선행 학습을 하고 학교에서는 배울 게 없다고 잠자는 학생이 있다면 절대 좋은 점수는 받을 수 없다.

다섯째, 문제 학생에 대한 교사 회의, 정학, 퇴학 등의 절차는 한국 학교와 비슷하다.

체벌을 상상할 수 없는 독일 학교에서는 학생들을 이렇게 지도하고 있다. 학생인권 조례 때문에 교권이 약화되고 있다고 우려하는 사람들을 많이 보았다. 체벌이 없어진다고 교권이 무너지는 것은 아니다. 학생의 인권과 교권을 상반된 것이 아니라, 함께 지켜주고 공존하는 개념으로 생각할 때 학생은 참된 민주 시민으로 성장할 수 있고 교권은 더 큰 힘을 갖게 되는 것 같다.

교사 마음대로 점수를
올려준다고?

큰아이 김나지움 때 좀 황당하면서도 재미있는 일이 있었다. 수학을 아주 못하면서 싫어하는 한 친구가 수학 선생님과 내기를 했다고 한다. 이 학생은 툭하면 수학 시간 결석이 다반사에 지각은 밥 먹듯 하고, 점수는 잘하면 4점 못하면 낙제점인 5점, 한마디로 구제불능이었다.

그 학생은 이날도 수학 시간에 또 지각을 해서 선생님에게 자존심이 상할 정도로 꾸중을 들었다고 한다.

"넌 도대체 뭐가 문제니? 네 인생은 이제 스스로 책임져야 할 나이잖아. 그래가지고 아비투어는 볼 수 있겠어?"

선생님에게 한 소리 듣고 나더니 자존심도 상하고 자신도 스스로를 다잡지 못 한다는 사실이 못마땅했던 모양이다. 이 학생이 갑자기 수학 선생님을 똑바로 쳐다보면서 "내가 만일 다음 학기에 단 한 번도 결석이나 지각을 하지 않고, 수업 시간에 졸지 않으면 당신은 나를 위해 뭘 해 주겠냐"고 내기를 제안했단다.

그러자 선생님이 대뜸 다음 학기 수학 점수 2점을 올려주겠다고 했단다. 독일 점수는 보통 1점부터 6점까지 있지만 고학년에 들어가서 세부적으로 계산할 때는 15점으로 나눈다. 저학년에서는 뭉뚱그려서 1점이라고 하지만 고학년은 1점이 13, 14, 15점, 2점은 10, 11, 12점으로 삼분된다. 이렇게 15점으로 계산한 점수에서 2점이나 올려준다는 말이다. 이 말을 듣고 하도 믿기지 않아 큰아이와 잠시 입씨름을 했다.

"에이, 장난이겠지. 내신 성적에까지 들어가는 중요한 점수를 교사 마음대로 올려준다는 게 말이 되니?"

"말이 안 되는 것 같지? 근데 독일에서는 가능해. 선생님 맘이잖아."

"정말이야? 그럼 너무 불공평하잖아."

"뭐가 불공평한데?"

"다른 아이들이 가만있어? 아이들 반응은 어땠는데?"

"아이들도 재미있는 내기라고 신났지, 뭐. 선생님이 이기네, 그 친구가 이기네 하면서 말이야."

"말도 안 되는 소리라고 불평하는 아이들은 없었어?"

"없던데? 독일 아이들은 자기 성적만 신경 쓰지 다른 사람 점수에는 별로 관심 없거든. 옆 사람 점수 잘 받는 건 나와는 별로 상관없잖아."

"그래도 그건 아무리 생각해도 뭔가 잘못된 것 같은데…."

물론 선생님은 이 학생을 어떻게 해서든지 바로잡아보려고 내기에 응했을 것이다. 그러나 나는 그때도 지금도 얼른 이해가 안 된다. 교권을 남용하는 것은 아닐까라는 생각이 들기도 하고, 더 어이없었던 것은 이에 대해 같은 반 아이들이 아무도 불만을 이야기하지 않았다는 사실이다.

나는 아직도 성적이란 남과의 비교 우위를 확인하는 일이라고 생각한다. 지금도 아이들이 시험지를 받아오면 무의식중에 묻곤 한다. "1점은 몇 명이야? 2점은 몇 명이야?" 그러면서 재빨리 머리를 굴린다. '우리 아이는 그중에 몇 번째일까?' 이 때문에 매번 아이들에게 싫은 소리를 들으면서도 나도 모르게 생각이 그쪽으로 간다.

이런 어이없는 내기가 가능한 것도 독일 학교에 등수가 없기 때문이다. 평가도 상대평가가 아니라 절대평가이기 때문에 친구를 경쟁자로 생각하지 않는 것이다. 1점이라는 점수는 스스로 그 수준에 도달하면 경쟁과 관계없이 얼마든지 받을 수 있다. 열 명이 한꺼번에 받을 수도 있고 한 사람도 없을 때도 있다. 옆 사람과 상관없이 자신이 노력한 만큼 평가받는다. 누군가를 이기기 위해 시험 공부할 필요는 없다.

2등 하던 학생이 1등을 하려면 지금 현재 그 자리에 있는 사람을 밀어내야만 하는 경쟁 체제에서는 상상도 할 수 없는 일이다. 독일 사회가 느슨하게 돌아가면서 경쟁에도 둔감한 이유는 이런 점수 체계로부터 시작하는 것 같다.

독일 교육을 경쟁이 없다고 표현하는 근거도 여기 있다. 물론 이런 방식이 좋기는 하지만, 사실 나 같은 사람은 이해 안 될 때가 더 많다. 항상 마지막엔 "그래도 그렇지…"라고 이야기하게 되니 말이다.

불공평한
학습 평가 방법

"엄마, 나 철학 과목 필기시험 선택 안 하길 너무 잘했어."

"왜? 너처럼 생각 없는 학생은 필기가 더 나은 거 아냐?"

"나도 생각 있거든. 엄마가 보는 것처럼 유치하기만 한 줄 알아?"

"그런데 왜 필기시험 선택 안 하길 잘했다는 건데?"

"우리 반에서 필기시험 본 아이들 이번에 모두 4점 아니면 5점밖에 못 받았대."

"4점 아니면 5점이라고? 너무한 거 아냐? 내신 성적은 어떻게 하라고. 그럼 너는?"

"난 수업 시간에만 잘하면 되니 당연히 잘 나왔지. 히히."

"진짜 웃긴다. 난 아직도 독일식 점수 계산법에는 적응이 안 된다."

큰아이 김나지움 12학년 때 철학 시험에 관한 이야기다. 1년 후면 아비투어를 보아야 하는 중요한 시기였는데 아비투어 내신에 들어가는 수업의 평가 방법이 잘 이해되지 않았다. 1점이 가장 높은 점수인 독일에서 4, 5점은 예전 한국식 '수, 우, 미, 양, 가' 점수 체계로 보면 '양'이나 '가'에 해당하는 점수다. 그 중요한 시기에 철학을 선택한 학생은 모두 4점 아니면 5점을 받는 어처구니없는 사태가 발생한 것이다.

아비투어 심화 과정으로 선택하는 두 과목과 독일어와 영어, 수학 등 중요 과목을 제외한 나머지 과목은 학생이 직접 필기시험과 수업 태도 중 평가 방법을 선택할 수 있다.

어떤 아이는 죽도록 공부해서 4점을 받고, 또 어떤 학생은 수업 시간에만 충실하게 발표하고 태도가 좋으면 1점을 받을 수도 있다. 참으로 불공평한 평가 방법이다. 그런데 그럼에도 할 말이 없는 것은 스스로에게 선택할 수 있는 권한을 주기 때문이다.

왜 독일 학교는 이런 어처구니없는 평가 방식을 그대로 두는 것일까? 이러한 불만을 큰아이 선생님을 만났을 때 이야기한 적이 있었다. 당시 우리 아이 선생님은 "아이들이 스스로 자신의 적성에 맞는 평가 방법을 선택할 기회를 줌으로써 다양성을 인정하고 획일화하지 않는 교육을 지향하기 위한 것이다"라고 했다. 어떤 학생은 발표를 더 잘할 수도 있고, 다른 학생은 필기시험에 재능이 있을 수도 있다는 것이다.

그런데 두 측면을 같은 점수로 평가한다면 당시 우리 아이 반의 철학 시험처럼 불공평한 결과가 나올 수도 있다. 그런 결과를 투덜거리면서도 크게 문제 삼지 않고 지나치는 학생과 학부모가 신기할 따름이다.

나는 이런 여유가 독일인의 성향이 우리와는 다르기 때문이라고 생각하지 않는다. 독일에서는 점수 차이가 진학에 크게 작용하지 않을 뿐만 아니라, 설사 문제가 된다고 하더라도 대학이 전부가 아니라는 생각을 쉽게 할 수 있기 때문이다.

중고등학교에서 학문의 깊이와 다양성을 불가능하게 하는 가장 큰 요인은 바로 경쟁이다. 한국에서라면 학부모들이 이런 불합리한 평가 제도를 인정할 수 있을까? 나도 지금까지 적응이 안 되기는 마찬가지다.

독일도 최근 국제학업성취도평가 때문에 나름 고민에 빠져 있다. 국제적인 평가에서 인정받기 위해서는 경쟁을 강조해야 하고, 그러기 위해서는 이와 같은 다양성을 인정할 수 없을 뿐 아니라 수업의 질과 교사의 수업권, 학문의 깊이 등 포기해야 할 부분들이 많다.

최근에 조심스럽게 진행되고 있는 독일 교육의 변화를 나는 반대한다. 내 생각뿐 아니라 독일 내에서도 반대의 목소리가 팽배하다. 독일인들은 지난 날 나치를 통해 경쟁의 끝이 어디인지 뼈저리게 경험했다. 그 상처에서 벗어나고자 반세기가 넘게 공들여온 교육의 근간이, '무한 경쟁과 시장 경제에 내맡겨진 신자유주의의 물결에 흔들리고 있다'며 우려하는 사람들이 적지 않다.

한 가지 그나마 마음이 놓이는 것은, 아직 이 사회에서는 교육에 경쟁을 불어넣는 일을 죄악시하고 있으며, 경쟁이 최선이라고 대중을 선동하는 사람도, 대놓고 박수치는 사람도 없다는 사실이다. 내가 만나본 독일 교사들은 독일은 절대로 그런 일은 없을 것이라고 장담했지만, 나로서는 이미 그 길이 어디쯤에 있는지 경험을 해봐서인지 약간은 불안하다.

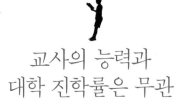

교사의 능력과
대학 진학률은 무관

교권은 사교육에 떼어주고, 여차하면 학교까지 달려오는 학부모가 무서워 아이들에게 제대로 뼈 있는 훈육조차 못하는 한국 교사들. 그러면서도 수업 이외 엄청난 잡무에 시달리고 있다. 이렇게 나열하니 측은하게 여겨질 정도로 열악한 근무 환경이다.

그런데 문제는 거기서 끝나지 않기 때문에 더 심각한 것 같다. 고학년 담임이 되면 아이들 진학 지도가 교사의 가장 중요한 업무가 된다. 학생의 진학에 목을 매는 사람은 부모뿐 아니라 교사도 마찬가지다. 진학률로 인해 인사 고과나 상벌 등 어떤 중대한 이익이 가는지는 모르겠지만 교사들의 큰 스트레스 중의 하나가 진학률이다.

그럼 독일은 어떨까? 조기 퇴직자가 증가하고 정신과 상담까지 받을 정도라고 말하는 독일 교사의 스트레스는 학교의 행정 업무나 잡무 때문이 아니다. 그것보다는 학생과 교사 간의 개별적인 부조화가 원인이 되는 경우가 많다. 독일 교사들은 일단 사교육이 없기 때문에 교육을 온전히 책임져야 한다. 책임이 큰 만큼 교사에게 주어진 교권은 어마어마하다. 수업 이외의 잡무도 많지 않다. 그것은 학교뿐 아니라 모든 관공서의 행정 업무가 관료주의에서 벗어나 실무 위주로 간소화되어 있기 때문이다. 이렇게 학생을 가르치고 평가하는 일에만 전념하는 독일 교사들, 그러나 교권은 우리가 생각하는 것 이상으로 강력하다.

앞서 철학시험에서 아이들이 모두 낮은 점수를 받은 이유는 질문을 이해하는 사람이 하나도 없었기 때문이라고 한다. 그런데 당시를 생각해보면 교사의 시험 출제 방법에 다분히 문제가 있어 보였다. 제대로 가르치기나 한 것인지, 모든 학생들이 문제를 이해하지 못했다는 사실을 도저히 납득할 수 없었다. 더구나 철학은 아비투어에서 30%를 차지하는 내신에 가산되니 더 심각했다. 또 같은 과목에서 다른 학교 선생님은 같은 수준의 학생들에게 1점을 줄 수도 있다고 생각하면 부아가 치밀어 오르기까지 했다. 독일 교사들의 교권은 이 정도다.

물론 독일 학생들이 한국처럼 치열하게 경쟁하지도 않고 더 열심히 공부하는 것도 아니지만, 공부를 완전히 포기한 학생이 아닌 이상 수업 태도만큼은 그리 나쁘지 않은 것 같다. 특히 인문계 중고등학교인 김나지움 고학년 성적은 대학 진학과 직결되기 때문에 그동안 설렁설렁 놀던 아이들도 정신 바짝 차리고 성실하게 임한다고 한다.

여기 아이들이 고학년이 되면서 수업 태도가 좋아지는 이유는 첫째,

학원과 같은 사교육이 활성화되어 있지 않아 오로지 시험 준비를 할 수 있는 시간은 수업밖에 없고 둘째, 수업 태도 점수가 성적의 50%이기 때문에 진학을 포기하지 않는 한 교사의 눈 밖에 나는 짓을 한다는 것은 모험이기 때문이다. 그동안 나태했던 아이들도 대학을 가려면 당장 수업 시간 태도부터 바로 잡아야 한다.

독일의 아비투어는 기존의 학교 자체 평가 체제에서 주가 주관하는 중앙 관리형으로 바뀌었기 때문에 이제 학교 간의 경쟁도 무시할 수 없다. 그런데 당시 아이 학교 선생님들은 학생이 다른 학교와 경쟁을 하든, 경쟁률이 극심한 학과에 지원을 하든 전혀 관심이 없었다. 예전처럼 자신이 정해둔 기준에서 한 치도 양보하거나 타협하려 들지 않았다.

이는 아직 교사나 학생이나 경쟁에 익숙하지 않아서일 수도 있다. 그러나 다른 한편으로는 독일 학교에서 대학 진학률과 교사의 능력은 전혀 무관한 일이기도 하고, 또 학교 내에서 그로 인한 어떤 불이익이나 상관관계도 없기 때문에 갖는 자신감일 것 같다.

교사 1년차도
교장이 될 수 있다

독일에서 만약 초등 교사 1년차가 교장이 되길 원한다면 간단한 시험을 거친 후 아무 문제없이 교장이 될 수 있다. 그런데 막상 학교 현장에 가면 그렇게 젊은 교장은 없다. 교장이 되길 원하는 젊은 교사가 거의 없기 때문이다.

이 내용은 정확하게 말하면 함께 행복 수업 연수를 받으며 노르트라인베스트팔렌 주 소속 교육 공무원인 초등 교사들에게 물어본 내용이지만, 대부분의 독일 교직 사회 또한 비슷한 분위기라고 한다.

독일 학교에서 교장이 공석이 될 경우 적절한 후보자를 찾지 못해 어려움을 겪는 경우가 많다는 사실은 언론을 통해서도 자주 듣고 보았고, 우리 아이들 학교를 통해서도 이미 경험한 바 있다.

교장 승진 이야기가 나온 것은 우리가 받는 행복 수업 연수가 승진 점수에 반영되는지에 대해 물어보다가 시작되었다. 행복 수업 연수는 연수비 60%를 시 교육청이 지원하고 40%는 교사 본인이 부담한다고 한다. 본인 부담 40%면 적지 않은 액수다. 금요일 오후와 토요일 하루 종일 받아야 하는 연수 과정이 쉽지 않을 텐데 결석 한 번 없이 열심히 나오는 교사들을 보며 승진과는 어떤 관련이 있는지 물었다.

그런데 함께 이야기를 나누던 선생님들은 내 질문을 전혀 이해 못하는 듯 "그게 무슨 소리냐?"고 되물었다. 독일에서 이와 같은 연수는 인사 고과와는 전혀 관련이 없다는 것이다. 연수를 받는 이유는 순전히 자신의 학교 수업에 도움이 되기 때문이라고 했다.

이미 독일인의 성향을 모르는 바는 아니지만 전혀 관련이 없다는 대답은 약간 의외였다. 좀 더 현실감을 주기 위해 그날의 대화를 그대로 서술하면 이렇다.

"승진 점수가 필요하지 않다고? 그럼 교장은 어떤 사람이 될 수 있는 거니?"

"모든 교사가 다 될 수 있어?"

"그럼 교직 1년차도 교장이 될 수 있어?"

"당연하지. 원하면 될 수 있지."

"뭐? 전제 조건이 없단 말이야?"

"아, 있기는 하지. 간단히 하루 정도 가서 시 교육 위원회에서 면담하고 테스트에 통과하면 돼. 그런데 시험을 보려는 사람이 거의 없으니 가면 모두 합격이야."

"교장이 되겠다는 사람이 그렇게 없단 말이야?"

"난 지금까지 아무도 못 봤는데? 누가 하려 하겠어. 그렇게 힘든데."

"넌 교장 하겠다는 선생 봤어?"

그는 대답을 하다가 옆에 있는 다른 동료에게도 물었다.

그 동료 역시 고개를 설레설레 흔들며 못 봤다고 한다.

"교장이 되면 월급이 올라가는데도 싫단 말이야?"

"한 300유로 정도 올라갈 거야. 그런데 그거 때문에 교장하겠다는 사람은 아무도 없지."

"도대체 왜 그렇게 안 하려는 거야?"

"일단 책임감도 너무 막중하고, 기본적으로 투철한 봉사정신이 있어야 하고, 능력도 탁월해야 해. 부모, 교사, 학생, 교육청과 관련된 모든 일을 통솔하기가 만만하지 않거든."

"그럼 교장이 되는 사람은 어떤 교사들이니?"

"물론 간혹 스스로 교장이 되려는 사람도 있기는 하겠지만, 공석이면 한동안 사람을 못 구해서 애를 먹는 경우가 대부분이지. 그럴 때 주로 자기 아이가 그 학교에 다니고 있는 교사들이 떠밀려서 많이 하더라고."

『독일 교육 이야기』를 쓰면서 한동안 자문을 구했던 스테판Stephan 선생님에게도 듣기는 했지만, 중고등학교보다 초등학교는 더 심각하다고 했다. 이런 현상을 통해 독일 사회가 우리와 정말 다르다는 것을 거듭 확인한다.

학교뿐 아니라 지위가 올라갈수록 업무량은 많아지면서 책임감 또한 막중해지니 연봉을 더 받는다고 해도 사양하는 경우가 많은 것이다. 그러니 승진을 위한 경쟁이 치열하지 않을 수 있고, 교사는 본업인 아이들 가르치는 일에만 집중할 수 있다.

특히 일반 직장에 비해 과중한 교장 업무를 보상받을 만큼 인금 인상이 크지 않다는 것도 한 요인이다. 300유로 더 받느니 편하게 살겠다는 생각은 누구나 할 수 있을 것 같다. 또 하나 중요한 이유는 독일에서는 눈먼 공금이 절대 없기 때문이기도 할 것이다. 300유로면 딱 300유로가 전부이니 말이다.

여기서 교사를 포함한 독일인의 몇 가지 특성을 찾아볼 수 있다. 승진에 연연하지 않는다는 것, 돈이니 명예보다는 자신의 사생활과 건강을 더 중시한다는 것, 본연의 임무에 가치를 더 많이 부여한다는 것. 교사가 되려는 사람은 학생을 가르치기 위해서지 학교 행정이 좋아서는 아니었을 테니까 말이다.

또 하나는 독일인도 역시 막중한 책임감과 통솔력, 지나친 희생을 요구하는 일은 기피한다는 사실이다. 그 때문에 교장 승진을 거부한다니 말이다. 물론 당연한 일이지만 약간은 실망스럽기도 하다.

그런데 이 부분에서 어쩔 수 없는 의문이 든다. 왜 한국에서 교장은 기피 직종이 아닐까. 왜 초등학교 교장은 희망 직종 1위라고 할 정도로 선호하는 직업이 되었을까. 한국의 교장은 도대체 얼마나 환상적인 직위일까. 그러니 독일과 달리 너도 나도 교장이 되려고 안간힘을 쓰고 있고 경쟁도 치열한 것이지 않을까.

물론 교장 자리에 관심 없는 모든 교사가 좋은 선생이 되기 위해 노력하는 것은 아닐지도 모른다. 집과 학교만 오가며 수업은 대충 때우고 월급만 받아가려는 사람도 당연히 있을 것이다. 그런 모든 개별적인 경우들을 감안한다고 해도 수업 이외의 일에 관심 갖지 않아도 되는 독일 교사들은 마음만 먹으면 본연의 임무에 충실하기가 한국보다는 더 쉬울 것 같다.

일본 지진으로
주제 바뀐 지리 수업

중고등학교 때 지리 시간을 무척 좋아했다. 지도를 보면서 하나하나 짚어가며 산과 강, 도시 들을 외우느라 처음에는 머리가 좀 아프기는 했지만, 지리 시간에는 갇힌 교실 안에서라도 항상 여행을 떠나는 기분으로 공부했던 것 같다.

그런데 모든 과목이 그랬지만 지리 역시 천편일률적인 공부였다. 가끔 수업 시간 중간중간에 선생님이 들려주시는 간단한 여담을 제외하면 일률적으로 시험을 봐야 하기 때문에 남들이 나가는 진도만큼은 무슨 일이 있어도 달성해야 했다. 고학년은 입시 때문에 당연했다지만, 왜 저학년까지 똑같은 내용을 순서대로 배워야 했던 것인지 지금 생각하니 이해할 수 없다. 특히 사회나 예체능, 과학 과목 들은 얼마든지 수업 시간에 자유롭게 공부할 수도 있을 것 같은데 말이다.

일본 후쿠시마 원전사고 때 작은아이가 5학년이었다. 당시 작은아이 반은 일본 대지진 소식이 전해지고 바로 다음날부터 수업 주제가 그동안 지리 시간에 배워왔던 독일편에서 갑자기 일본으로 바뀌었다. 그리고 몇 주 동안 계속 일본에 대해 상세히 배웠다. 5학년에 올라가면서 처음 시작된 지리 수업은 처음에는 자기가 사는 동네 지도를 그리고 더 나아가 아헨 지도, 주변 환경들에 대해 알아보는 단계였다. 아직 세계 지리에 대해서는 배울 때가 아니었다.

그런데 당시 일본 지진 때문에 지리 수업 주제가 바뀐 것이다. 일본은 왜 지진이 자주 일어나는 땅인지, 원자력 발전소가 왜 위험한지부터 시작해서 첫 시간에는 주로 이번에 일어난 지진에 대해 알아보며 광범위한 상식선에서 일본 공부를 했고, 계속해서 점차 자세히 배워나갔다.

갑자기 계획대로 나가던 학과목 진도를 그만두고 이렇게 주제를 변경하는 수업을 할 수 있다는 것이 처음엔 이해하기 쉽지 않았다. 특히 저학년에서는 지리뿐 아니라 정치나 역사 등의 사회 과목은 물론이고, 독일어나 영어까지 사회 이슈와 관련된 주제를 교사가 마음대로 선택해서 수업하는 것을 많이 보았다.

선거철이 되면 정치 시간에는 주로 선거에 대해 배우고, 스타벅스 커피가 유행을 하니 경제 시간에 스타벅스라는 커피 회사에 대해 많은 시간 할애하기도 했다. 독일 국방부 장관의 논문 표절 사건이 일어났을 때 큰아이는 입시를 앞둔 김나지움 상급 학년이었다. 중요한 시기인데도 철학 시간에 나가던 진도를 그만두고 갑자기 정치인의 윤리 의식에 대해 몇 시간이나 토론했다고 했다.

너무 일관성 없고 들쑥날쑥한 수업 진도가 한국에서 교과서 순서대로 착실하게만 배워온 내게는 잘 받아들여지지 않았다. 정해진 진도를 나가면서 지루함을 달래기 위한 간단한 여담 정도로 끝난다면 몰라도, 하던 공부를 중지하고 몇 주 동안이나 뜬금없는 주제에 매달리고, 마지막엔 그 주제에 대해 시험까지 본다는 것이 황당하기만 했다.

그리고 자꾸만 이런 의문이 드는 것이다. '그럼, 안 배운 사람은 어떻게 하라는 거지?', '여긴 과목별 학습 목표가 있기나 한가?' 항상 옆 반이나 이웃 학교, 국가 전체가 똑같은 진도를 나갔던 수업에 익숙해서인지 처음엔 약간 불안하기까지 했었다. '다른 반에서, 혹은 다른 학교에서는 배우는데 우리 아이는 못 배우면 어떻게 되는 거야?'라면서 말이다.

그런데 세월이 지나면서 여기서는 그런 룰이 적용되지 않는다는 것을 저절로 알게 되었다. 큰 줄기의 학습 목표는 통일되어 있지만 세부적인 수업 계획이나 학습 방법은 교사에게 전적으로 맡겨지기 때문이다.

같은 학년, 같은 과목이라도 학급마다 수업 내용이 다른 경우가 허다하고 시험도 다르다. 같은 5학년 지리 수업이라도 어떤 반은 자기 동네를 지도에서 찾아내 상상력을 동원한 그림 지도를 그리는 데 반해, 어떤 반은 선생님과 동네 한 바퀴 돌면서 소풍가는 것처럼 공부하기도 한다. 그러고는 시험도 어떤 교사는 지도를 그리라고 하는가 하면 다른 교사는 동네를 돌아본 감상을 쓰라고 하기도 한다. 이처럼 독일 교사의 수업권과 평가권은 우리가 생각할 수 있는 것 이상으로 자유롭고 광범위하다.

CHAPTER 5

교육에 관한
모두를
당당히
요구하는
나라

시에 교통비 내놔라
법정 투쟁

독일은 통학을 위한 교통비를 시에서 지원받을 수 있다. 내가 사는 노르트라인베스트팔렌 주는 학생의 집에서 학교까지의 거리가 2킬로미터가 넘을 경우 매달 12유로만 내면 시에서 스쿨앤펀티켓School&Fun Ticket이라는 차표를 지급한다.

둘째 아이는 절반인 6유로만 내면 더 이상의 교통비가 필요 없고 이티켓으로 학교뿐 아니라 주말이나 통학 이외의 시간에도 근거리 기차나 지하철 등 시에 소속된 대중교통을 자유롭게 이용할 수 있다.

공식적으로는 시에서 교통비로 한 학생당 1년에 381,70유로를 지원하는 셈이지만 통학 이외의 교통비까지 계산하면 적지 않은 금액이다. 우리 아이들도 초등학교 때는 집 옆에 있는 학교를 다녀 걸어 다녔지만 김나지움부터는 스쿨앤펀티켓을 받아 차를 타고 통학했다.

예전에 독일 노르트라인베스트팔렌 주 뮌스터Münster 지방 법원에서는 학생의 스쿨앤펀티켓과 관련한 재미있는 판결이 있었다. 일곱 살 된 한 초등학생 부모가 학교와 집과의 거리가 충분히 2킬로미터가 되는데도 시에서 교통비를 지원받지 못했다며 소송을 한 것이다. 그런데 법원은 이 부모에게 원고 패소 판결을 내렸다.

시는 이 학생의 학교와 집까지의 거리를 측정한 결과 1983미터로 2킬로미터에서 17미터가 모자라 교통비를 지원할 수 없는 것으로 결정했다. 그러나 이 부모는 스스로 자기 집 현관부터 학교 문까지의 거리를 재본 결과 충분히 2킬로미터가 된다고 항의했다.

시에서 항의를 받아들이지 않자 법정 투쟁을 불사하게 된 것이다. 이 부모는 시에서 거리 측정을 시작한 현관문은 실제로 가족이 전혀 사용하지 않는 문이었고, 끝나는 지점도 정확히 교실 앞까지가 아니라 학교 문을 들어서기 전, 대지 경계선까지 측정했다고 주장했다.

그러나 법원은 뮌스터 시의 거리 측정이 틀리지 않다고 판결했다. 이 가족이 '만일 다른 현관문을 사용했더라도 집에 속한 정상적인 현관문으로부터 측량을 시작하는 것은 맞고, 또 학교 부지가 시작되는 경계선까지의 거리를 계산해 스쿨앤펀티켓을 지원하는 것은 법규에 맞다'며 시의 손을 들어주었다.

소송에 패소한 후 학생의 부모는 '법의 정의와 개인이 느끼는 정의는 같지 않을 수도 있다는 것을 알았다'며 이들이 법정에까지 가게 된 것은 시가 거리를 측정할 때마다 숫자를 번복했기 때문이라고 했다. 실소가 터져 나올 정도로 황당한 재판이었다.

내 경험에 의하면 이 부모가 이토록 티켓을 받으려고 했던 이유는 통학 교통비만을 위해서는 아니었을지도 모른다. 2킬로미터면 걸어서도 얼마든지 등교할 수 있다. 그러나 이 티켓을 받으면 통학 이외의 시간에도 대중교통을 무료로 이용할 수 있어 적지 않은 교통비를 절약할 수 있다.

독일은 교통비가 비싼 나라다. 매달 12유로 내는 스쿨앤펀티켓 값으로는 버스를 왕복 세 번도 못 탄다는 현실이 이 부모가 티켓을 그토록 원했던 이유였을 수도 있다.

얼른 생각하면 몇 푼 안되는 교통비를 받아내겠다고 법정까지 가는 이 부모가 치사해 보이기도 하고 한심할 수도 있다. 그러나 내게는 자기 아이 통학을 위한 교통비까지 당당히 시에 요구할 수 있다는 사실이 흥미로웠다. 학비뿐 아니라 교통비까지 교육에 관한 모든 비용은 국가가 책임져야 한다니 놀라울 따름이다.

노트 값을 왜 부모가
부담해야 하나

아이들을 키우면서 '공부에 필요한 참고서와 노트, 연필, 풀, 가위 등을 왜 부모 돈으로 사야하는가'라는 불만을 가져본 일은 전혀 없었다. 이런 비용은 한국 학원비에 비하면 조족지혈이니 먹고 살 만한 사람들은 크게 부담을 느끼지 않을 수도 있다.

그러나 가난한 부모들에게는 이 또한 결코 적은 돈은 아니다. 그렇지만 한국에서는 가난한 학부모라 할지라도 이런 소소한 비용을 '왜 내가 지불해야 하는가?'라는 의문을 갖지는 않을 것이다.

우리는 어릴 때부터 그렇게 자라왔고 의무교육이라고 하더라도 교육을 국가가 온전히 부담해야 한다고 생각하지는 못한다. 더구나 수업 준비물을 사면서 이런 의문을 갖기란 쉽지 않다.

그러나 독일 부모들 중에는 '독일은 엄연히 무상교육인데 왜 부모가 학용품 값을 부담해야 하냐'며 불만을 이야기하는 사람도 있다. 독일은 국가에서 매년 한 학생당 평균 6000유로 정도가 교육비로 지원된다. 학무모의 불만은 이 돈이 온전히 학생을 위해 쓰인다면 노트까지 부모가 살 필요는 없다는 데 있다.

2013년 교육비특별회계 기준 16개 시도교육청별 1인당 교육비 평균이 736만 원인 한국과 비교해보면 시도교육청별 차이는 있지만 독일과 크게 다르지 않다. 한국도 학생 1인당 지원되는 교육비는 독일과 비슷하거나 교육청별로 보면 독일보다 많은 시도도 적지 않다. 게다가 한국은 고학년일 경우 등록금까지 내야 하니 더 당당히 무상 교재를 요구할 수 있는 입장이다.

우리도 한 번쯤 학생 지원금이 어떻게 쓰이는지 생각해봐야 하지 않을까? 이 돈이면 학교에서 필요한 참고서며 노트, 미술 도구까지 무상으로 지급받을 수 있는 것은 아닌지 말이다.

독일인에게는 1848년부터 아동은 부모의 수입과 관계없이 교육받을 수 있어야 한다는 취지로 만든 '교재비 부담으로부터 자유로울 수 있는 권리'가 있다. 물론 법적인 권리와는 다르게 막상 학교 현장에서 온전히 지켜지고 있지는 않다.

이 권리에 대해 우줄라 발터Ursula Walther 독일 학부모 위원은 엄연히 법적인 권리가 있음에도 부모들이 아무 비판도 없이 부대비용을 지불해서는 안 된다고 강조했다. 물론 발터의 주장은 약간 과하다는 생각도 든다. 그러나 법적인 권리를 거기까지 해석할 수 있다는 사실에 놀라울 따름이다.

독일에서 16년 동안이나 아이들 교육시키면서도 이러한 권리까지는 생각해본 일이 없었다. 학원이나 과외 없이 학교만 다닌다는 사실에 아이들을 무료로 키우는 것 같아 그저 감사했을 뿐이었다.

그런데 이 사람들은 여기까지 생각하고 있었다. 그리고 보니 학교 때문에 소소하게 들어가는 비용이 있다는 건 무상교육 취지에서 벗어나기는 한 것 같다. 노트 한 권에 40센트인데 한 학생이 1년에 평균 19권이나 쓴다니, 그럼 7유로 60센트, 만 원이나 되는 금액이니 말이다.

저소득층은 학원비도
국가에서 지원한다

독일은 초등학교부터 대학까지 무상교육이다. 그러니 큰아이가 대학 3학년인데도 학비 걱정은 없다. 비싼 학비를 지불하는 데 익숙한 한국인 엄마로서는 자식을 둔 부모가 학비 걱정 없이 살고 있다는 사실이 날마다 감사하다. 그러나 이에 대해 정작 독일 사람들은 익숙한 혜택이라서인지 별 생각이 없는 것 같다.

특별한 사교육 없이도 공부할 수 있고, 대학까지 국고에서 지원받는 독일이니 돈 없어 공부 못했다는 소리는 적어도 못할 것이다. 그 어떤 국가보다 독일에서 대학을 졸업하거나 혹은 직업학교를 마치면 부모나 사회를 탓하기보다는 스스로 앞날을 개척해나가야 하는 것이 당연해 보인다. 국가가 해줄 수 있는 일은 다했으니 말이다. 그런데 직장을 다니면서도 계속해서 국가에서 교육비를 지원받는 사람들이 많다.

함께 '행복 수업' 교육을 받았던 독일 친구가 있다. 그녀는 유치원 교사 직업교육을 마친 후 결혼을 하고 1년 정도 근무하다가 출산을 하면서 유치원을 그만두었다. 그러다 출산 후 본인 아이를 키우면서 시에 정식으로 허가를 얻어 3세 미만의 유아 서너 명을 함께 돌보고 있었다. 처음엔 가계에 약간이라도 보탬이 되고자 시작한 일이었지만 아이들과 지내다 보니 뜻하지 않게 그 일이 적성에 맞았다고 한다.

이제 겨우 아장아장 걷기 시작하는 아기들, 엄마를 대신해 먹이고 입히고 재우는 일만 해도 상관없었지만, 그녀는 갈수록 사명감도 생기고 좀 더 좋은 교육을 위해서 자신에게 필요한 것은 무엇일까 고민하게 되었다. 그리고 얼마 후에는 건물을 임대해 본격적으로 놀이방을 키워 유치원 형태로 운영할 계획이라고 했다. 그러던 중 자신의 일에 꼭 필요하다고 생각한 '행복 수업' 연수를 받게 된 것이다.

남편의 수입이 시원찮아 살림이 어렵다고 하기에 연수비가 비싸지 않느냐고 묻자 국가에서 절반은 지원해주기 때문에 큰 부담은 없다고 했다. 대기업에 근무하는 것도 아니고 집에서 아기 서너 명을 돌보는데도 직업을 위한 연수는 인정받을 수 있다는 것이다.

나는 왜 교육은 꼭 학교라는 제도권을 통해서 이뤄져야 인정받고 국고를 지원받을 수 있다고 생각했던 것일까? 다시 생각해보면 제도권이라는 경계도 애매모호하지 않은가. 그 친구와 이야기하는 동안 갑자기 혼란스러워졌다.

독일은 저소득층이 직업과 관련한 교육을 스스로 찾아서 받기 원한다면 교육비의 절반을 연방 교육부에서 지원받는다. 여기다가 자격증 시험을 위해 드는 비용은 500유로까지 나온다.

이를 위해 전제되어야 할 조건은 주당 열다섯 시간 이상 일해야 하며 연봉 2만 유로 이하의 저소득층이어야 한다는 것이다. 연봉 2만 유로 이하의 직장이라면 중기업이나 소규모 작업장의 근로자인 경우다.

대기업 직원이나 공무원들은 어느 나라나 직업 연수나 재교육에 충분한 기회가 있고 혜택을 누릴 수 있다. 그러나 정말 재교육이 필요한 사람들은 수입이 생계와 직접적으로 연결되는 저소득층이다. 사실 그들을 위한 지원이 공무원이나 대기업 직장인 들보다 보장되어야 함에도 자칫 소홀하게 생각하기 쉽다.

가난을 자기 잘못이라고 혹은 세상 탓이라고 말하는 사람들을 은근히 비난하는 사람들을 많이 보았다. 이들을 향해 손가락질만 할 것이 아니라 가난에서 벗어날 수 있는 길이 있다면, 그러한 노력을 하려는 사람들이 있다면 적극적으로 도움을 주는 사회가 진정한 복지국가다.

건강도 학교에서 책임져야

아이가 태어나고 세 살이 될 때까지는 예방 접종도 은근히 신경이 많이 쓰이는 일이다. 세 살이 지나고부터는 한숨 돌리고 느긋하게 한두 번더 다니면 드디어 정기적으로 병원에 갈 일은 없어진다.

그러다 보니 아이가 특별히 몸이 아프지 않으면 보통 병원은 잊고 산다. 부지런한 부모라면 예방을 위한 정기검진도 꼼꼼히 챙기겠지만 대부분 아프면 그제야 병원을 찾는 습관은 독일 사람들도 마찬가지인 것같다.

그런데 치과는 전혀 다르다. 일반 소아과나 내과는 예방 접종이 끝나면 정기검진도 끝나지만 치과는 그때부터 시작이다. 6개월에 한 번씩 이상이 없어도 정기검진을 받아야 한다. 청소년 정기검진에서는 30분에서 한 시간 정도 기본적인 스케일링과 올바른 양치질 교육, 찬 프로필라크세Zahn prophylaxe라고 하는 예방 치료를 받는다. 10세 정도가 되면 교정 때문에 더 자주 가야한다.

어린이부터 청소년까지 치과 진료는 전액 보험이 적용되기 때문에 경제적인 부담은 전혀 없다. 또 초등학교에 입학하면 1년에 한 번씩 치과 의사가 학교에 방문 진료를 나온다. 구강 검사를 한 후 치아 건강 상태를 아이들에게 직접 이야기해주고, '어떻게 하면 건강한 치아를 유지할 수 있을까'에 대해 교육하고 올바른 양치질 방법도 가르친다.

지금까지는 이렇게 초등학교에서 치과 진료만 있었지만 앞으로 독일은 일반 소아과 진료도 학교에서 받게 된다. 독일 연방 보건 장관이 치과처럼 소아과도 학교에서 정기 검진을 받을 수 있도록 법안을 마련하겠다고 발표한 후 구체적인 논의가 진행 중이다. 또한 연방과는 별도로 이미 시행되고 있는 주도 있다.

독일 초등학교에서 치과 정기검진을 시행한 결과 충치의 조기 발견은 물론 어린이들에게 치아 건강의 중요성을 인식시키기 위한 좋은 예방교육이 되었다는 것이 전문가들의 견해다. 이를 바탕으로 초등학교에서 소아과 검진까지 이어질 수 있어야 한다는 주장이 설득력을 얻고 있다.

독일은 초등학교에 입학하려면 학교 전문의에게 종합 검사를 받고 입학 여부를 확인받는다. 그러니 초등학교에 입학한 학생은 누구든 최소한 한 번은 학교 전문의에게 지능과 신체발달 사항 등 상세한 검진을 받게 된다. 이 제도를 초등학교 과정까지 연장하여 계속해서 정기검진을 받을 수 있게 한다는 것이다.

청소년은 예방 목적이든 치료 목적이든 병원 진료비는 100% 보험이 적용된다. 그럼에도 예방 차원의 정기검진에는 소홀한 부모들이 많기 때문에 학생의 건강을 학교에서 지켜야 한다는 것이다.

이 제도는 이미 여러 도시에서는 시행되어 긍정적인 평가를 받고 있다. 소아과 의사가 4학년과 8학년에 학교를 방문하는 정기검진이 이루어지고 있는 튀링겐Thüringen 주는 연방 차원에서 논의 중인 학교 방문 정기검진 프로그램의 모델이기도 하다.

치과든 일반 병원이든 독일 의료 보험사와 정부는 예방을 위해 많은 투자를 한다. 의료 보험사와 같은 이익 집단이 예방에 적지 않은 비용을 쓰고 있는 이유는 발병한 이후에 치료비를 부담하는 것보다 예방이 비용 면에서 저렴하기 때문이다.

치과 같은 경우는 예방을 게을리한 사람은 후에 치과 진료에서 불이익을 당하기도 한다. 최소한 1년에 한 번 이상은 정기검진을 받았다는 확인서가 10년 이상 있어야만 최대한의 보험 혜택을 받을 수 있다. 건강을 위해서는 특히 예방이 중요하다. 아무리 강조해도 지나치지 않는 말이지만 게으름 때문인지 자꾸만 잊고 살게 된다.

꼴찌도 합격할 수 있는 가능성을 열어두는 것은
모두에게 희망을 주기 위해서다.
누구든 간절히 원하는 사람은 가능성이 있으니
절망할 필요가 없다는 메시지다.

PART 3

스스로 선택하는 미래

CHAPTER **1**

직업교육이
경쟁력
이다

진학률 40%
독일이 경제 강국?

유로존의 위기와 함께 저녁의 대륙 유럽의 경제는 휘청거리고 있지만 독일 경제는 여전히 강건하다. 독일은 예상을 초월한 높은 성장과 낮은 실업률을 기록하는 등 건재함을 과시하고 있다.

대학 진학률 40%의 독일이 경제 강국을 유지할 수 있는 이유 중 하나는 현장형 직업교육 때문이다. 독일 직업교육인 아우스빌둥은 최근 세계 30여 개국에서 관심을 보이고 있으며, 이미 도입했거나 도입 검토 중이다. 특히 경제 위기에 처한 국가들의 적극적인 러브콜을 받고 있다.

독일은 25세 이하 청년층의 실업률이 8%로 유럽 평균보다 20%나 낮다. 청년 실업률이 50%에 달하는 스페인은 최근 경제 위기 탈출 방안의 하나로 독일의 아우스빌둥을 모델로 직업교육 제도의 근본적인 개선을 시작했다.

이 정책에 가장 먼저 문을 연 기업이 독일 폴크스바겐Volkswagen의 자회사이기도 한 스페인의 세아트Seat 그룹이다. 세아트는 모기업인 폴크스바겐에서 파견된 직업교육 전문가의 진두지휘로 이원제 교육을 위하여 기존에 운영되고 있던 자동차 조립 시스템에 새로운 프로그램을 도입, 생산 현장을 이론과 실습을 연계한 교육 시스템으로 변화시키고 있다.

미국도 아우스빌둥을 도입 중이다. 미국 역시 기존 직업교육에 사회적 기준이 없어 직업학교를 졸업해도 전문가로 인정받기보다 단순 노동자로 인식되면서 심각한 전문 인력 부족 현상을 겪고 있다.

사립이나 시립, 혹은 국립 직업학교에서 직업교육을 전담하고 있지만 역시 이 학교들도 철저히 이원화된 시스템이 아니기 때문에 현장 경험 부족으로 졸업을 해도 취업과 동시에 재교육을 받아야 한다.

미국은 독일 직업교육을 배우기 위해 미국 주재 독일 기업에서 이루어지는 아우스빌둥을 관찰하고 연구하는 데 많은 시간을 보냈다. 그러다가 최근 본격적으로 버락 오바마Barack Obama 대통령을 비롯한 정치인과 교육학자들이 독일식 이원제 직업교육의 도입을 위해 적극적으로 움직이기 시작했다.

오바마 대통령은 16%의 미국 청년 실업률은 독일의 두 배에 육박한다며 독일 직업교육을 도입해야 하는 근거를 제시하고 미국 직업교육 시스템의 전반적인 혁신을 예고하기도 했다. 현재 미국에 진출해 있는 독일 기업인 지멘스Siemens나 보쉬Bosch, 폴크스바겐 등이 아우스빌둥을 선도하고 있고 기업과 정치인, 관련 교육 전문가 들이 함께 협력하고 있다.

이렇게 독일은 세계가 인정하는 직업교육 시스템을 가진 유일한 나라다. 대부분 나라들의 기업은 젊은 인력을 프로그램이나 자격증 도입을 통해 전문가로 양성하기보다 값싼 노동력으로 이용하는 데 급급하다. 이에 반해 독일 기업은 직업교육을 통한 전문가 양성 과정에 적극 동참하면서 기업에 어울리는 맞춤형 인력을 키워낸다.

중등 과정인 레알슐레 10학년을 졸업하거나 인문계 김나지움 10학년을 마친 학생이 아우스빌둥을 시작하기 위해서는 직업학교 진학이 우선이 아니라, 직장을 먼저 구해야 한다.

아추비Auszubildende라는 직업 학생으로 계약하고 취업을 한 후, 자신이 배우고자 하는 학과가 있는 직업학교 베루프스콜레크Berufskolleg에 등록하고 일주일에 이틀만 등교한다. 학교에서 배운 이론을 산업 현장에 바로 적용하고 스스로 실무와 이론의 간극을 경험하여, 문제 해결 능력을 키워나가면서 전문가가 되는 과정이다.

또한 그들에게 실무를 가르치는 교사가 현장 경험이 충분한 마이스터Meister라는 것도 중요하다. 대학 졸업장 없이 직업학교 출신의 마이스터도 충분히 교사가 될 수 있다. 마이스터는 3년제 아우스빌둥을 마친 뒤 3년 동안 실무 경험을 쌓은 전문가에게 주는 최상위 전문가 자격이다.

마이스터 자격증을 취득하면 전문가로서 창업을 할 수 있으며 생산 현장에서는 책임자로 근무하고 직업학교의 교사로 학생을 가르치기도 한다. 다른 나라에서는 대졸 인력이 담당하는 분야를 직업학교 출신들이 훌륭히 해내고 있는 것이다.

기업이 주도하는
직업교육

독일의 이원제 직업교육은 아우스빌둥뿐만 아니라 대학에도 존재한다. 산업 현장에서 근무하며 동시에 대학을 다닐 수 있는 학과가 있다. 야간 대학이 아니라 아우스빌둥과 마찬가지로 실무는 기업에서, 이론은 대학에서 수료하는 과정이다.

이 모든 직업교육의 주축이 되는 기관은 교육부나 교육청, 학교보다는 기업이다. 또한 역할이 약간 다르기는 하지만 한국의 상공회의소와 비슷한 개념인 IHKIndustrie und Handelskammer가 큰 부분을 담당한다. 이처럼 독일은 기업이 스스로 전문가를 키워야 할 의무가 있다.

독일인이 가장 선호하는 직장은 폴크스바겐의 자회사인 아우디Audi다. 2012년 독일 대학 졸업생 3만 3000명에게 기업 선호도를 조사한 결과 1위가 아우디로 선정되었다. 아우디에 채용된 대졸 신입 사원의 약 60%는 이미 대학 재학 중에 이 회사에 취업해서 이원화된 교육을 받은 인재들이다. 기업과 대학이 공동으로 편성한 전체적인 커리큘럼에 따라 졸업을 하면, 기업에서 배운 현장 업무에 대해서는 IHK 졸업 자격증을 받고 대학에서는 졸업장을 받는다.

현재 폭크스바겐은 독일 내 여섯 개 지사에서 자동차 조립 연구, 운송 물류 관리, 산업 공학, 기계, 전산, 메커닉, 전기, 경제, 경영, 판매 등 22개 학과 960여 명의 대학생이 이원화된 직업교육을 받고 있다. 회사에는 아추비 포함 약 4500여 명의 직업 학생이 근무한다. 아추비와 대학생은 회사로부터 실무 연수와 함께 학비와 소정의 임금을 지원받는다.

이렇게 기업이 교육까지 담당하다 보니 학생을 중심으로 일어나는 사회 문제에도 담 넘어 불구경하듯 좌시할 수만은 없다. 독일은 최근 교육 경쟁력을 확보하기 위해 기존의 13년제 초중등학교를 12년제로 개편했다. 개편이 진행되던 과도기적 시기에 청년층의 가장 큰 고민은 12학년제가 시작된 학년의 졸업과 13학년제가 끝나는 학년의 졸업생이 중복되는 문제였다.

갑자기 김나지움 졸업생이 두 배가 되면서 진학과 취업에 적신호가 켜진 것이다. 이로 인해 지난 2011년 독일 대학 진학률이 40% 대에서 53%로 갑자기 증가했었다. 물론 징병제 폐지라는 사회적인 변화도 진학률을 높이는 데 한몫을 했지만 중복 아비투어로 인해 졸업생이 증가한 이유도 있었다. 당시 입시 상황을 호전시키기 위해 주마다 중복 아비투어를 각기 다른 년도에 적용하면서 충격 완화를 위해 노력했지만 해결점을 찾지 못한 채 격변의 소용돌이 속에 많은 청년들이 혼란스러워했었다.

이때도 기업들은 교육 문제라고 해서 담 넘어 불구경하듯 지나가지 않았다. 중복 아비투어가 시작되던 2010년, 폴크스바겐은 70억 유로를 투자해서 200여 명의 직업 학생을 증원함으로써 사회의 부담을 일부분 떠안았다. 또한 2011년부터 중복 아비투어가 끝난 2014년까지 일시적으로 정원을 증원하기도 했다. 독일에서는 교육의 문제가 더 이상 교육부나 학교의 책임만이 아니라는 인식을 단적으로 보여준 예다.

이공계 인력 부족을 호소하는 기업들이 관심 가져야 할 키포인트가 바로 여기 있다. 한국도 독일 마이스터 제도와 아우스빌둥에 지속적으로 관심을 보여왔고 마이스터고등학교라는 이름의 전문계 고등학교가 생겨나기도 했다. 그러나 독일 직업교육을 모델로 했다고 하기에는 아우스빌둥에 대한 정확한 이해가 전제되었는지 의문이 들었다.

독일 직업교육 제도를 도입하기 위해서는 국가나 교육부, 학교가 아닌 기업이 문을 열고 선도적인 역할을 수행해야 한다. 아우스빌둥은 이제 세계 수많은 나라가 도입을 검토하고 있는 미래형 직업교육의 모델이다. 또한 기업이 교육을 남의 일로 생각한다면 절대 성공할 수 없는 시스템이기도 하다.

고졸 취업 문제는 학력도 인식도 아니다. 번듯한 직장에 입사해서 먹고 사는 데 어렵지 않을 만큼 월급을 받을 수 있고 미래를 설계할 수 있다면 저절로 해결된다. 그러기 위해서는 직업학교 졸업장이 확실한 전문가 자격증이 되어야 한다.

그 자격증을 가진 사람을 채용하면 재교육 없이 바로 현장에 투입할 수 있을 정도로 신뢰할 수 있는 자격증 말이다. 이런 현장형 전문가는 기업의 능동적인 참여 없이는 불가능하다. 때문에 독일처럼 효율성 있는 직업교육을 위해서는 학교가 아닌 기업 주도로 바뀌어야 한다.

연간 사교육비 20조가 넘는 기형적인 교육 시스템을 운영하는 한국의 문제는 노동 시장과 직간접적으로 연결된다. 독일이 불필요한 사교육 시장을 키우지 않게 된 데는 직업교육 전선에서 함께 고민하고 문제를 해결하기 위해 노력하고 있는 기업의 역할을 무시할 수 없을 것 같다.

아우스빌둥은
창업을 위한 준비 과정

한국어로 타일공은 독일에서는 플리젠레거Fliesenleger, 혹은 최근엔 플리젠디자이너로도 불린다. 에버바흐Eberbach라는 도시의 테오도르 프레이 학교Theodor-Frey-Schule에서 플리젠레거가 되기 위해 아우스빌둥을 받는 학생들과 선생님을 만났었다.

역시 타일공은 남자들의 영역이라고 할 만큼 힘든 직업이어서인지 여전히 여학생은 한 명도 없었다. 이제 막 1년차를 시작한 학생들과 선생님을 인터뷰하면서 내가 미처 생각하지 못했던 독일 직업교육의 한 부분을 차지하는 궁극적인 목적에 대해 듣게 되었다.

타일반 선생님은 10학년까지 과정인 레알슐레라는 실업 중등학교를 졸업한 후 3년 동안 직장과 학교에서 현재 자신이 가르치는 아이들과 같은 과정인 이원제 직업교육을 이수했다. 직업교육을 마치고 3년 동안 현장에서 플리젠레거로 일한 후 마이스터 자격증을 받고 소정의 교육 과정을 이수해서 이 학교의 교사가 되었다고 했다. 이 학교 아이들은 직속 선배에게 수업을 받고 있는 셈이었다.

아우스빌둥을 받는 학생들은 일주일에 3일은 직장에 근무하고 이틀 동안만 학교에 나온다. 직장에서는 1년차이기 때문에 허드렛일을 하는 수준이지만 확실한 직업인이다. 그러나 학교에만 오면 다시 장난질 좋아하는 말썽쟁이 학생이 된다.

열심히 타일 기초 작업을 하고 있는 한 학생에게 다가가 왜 플리젠레거가 되려고 하는지 물으니, 생각할 시간도 없이 즉시 대답한다.

"우리 아빠도 플리젠레거예요. 자영업을 하는 아빠 회사에서 지금 아추비로 일하고 있고요. 나중에 회사를 물려받아야 하기 때문에 시작하게 되었어요."

서너 명에게 같은 질문을 했었는데 두 명이 이와 같이 대답했다. 가업을 물려받는 일은 독일에서는 아주 흔한 예다. 억만장자만 그런 것이 아니라 마이스터가 운영하는 소규모 기업체나 상점에서도 쉽게 볼 수 있다. 부모가 이 분야에 일하지 않는 몇몇 아이들은 직접 타일 회사를 창업하겠다고 대답하기도 했다.

얼마 전 잘 알고 지내는 메츠거Metzger 마이스터인 스퇴배Stöbe 씨를 만났었다. 메츠거 마이스터는 쉽게 말해 한국의 정육점 주인을 말한다. 독일에서는 정육점을 운영하려면 메츠거 마이스터 자격증이 필요하다. 독일의 정육점인 플라이셔라이Fleischerei는 생고기만 잘라 파는 단순한 상점이 아니기 때문이다.

스퇴배 씨 역시 메츠거 마이스터였던 아버지의 가업을 이어 정육점과 함께 작은 훈제품 공장을 운영하고 있다. 소시지나 햄 등 훈제품을 직접 생산하면서 정육점도 운영하고 있는 그는 최근 자기 아들이 마이스터 자격증을 받았다며 자랑스러워했다.

우리가 처음 만난 것은 10년 전 그의 아들이 초등학교 6학년 때였다. 그 귀엽고 상큼했던 꼬맹이가 어느덧 마이스터가 된 것이다. 이제 겨우 나이 스물두 살에 말이다.

테오도르 프레이 학교 선생님을 통해서도 직업교육을 받는 학생들의 성향에 대해 상세히 알 수 있었다. 직업교육을 받는 아이들 중에는 부모의 가업을 물려받기 위해 시작하는 경우가 많다고 한다. 또 아우스빌둥은 단순히 기술과 관련 지식만을 가르치는 것이 아니라 언젠가는 배운 기술을 바탕으로 독립을 한다는 전제하에 기업 경영, 관리 등 홀로설 수 있는 교육에 비중을 둔다.

마이스터의
성공이란

매번 독일 교육 이야기를 할 때마다 언급하는 '대학 못 가도 성공하는 나라'라는 말의 진실은 어디까지 일까? 독일이 아니라도 당연히 진실은 진실이다. 대학 못 가도 성공하는 사람은 한국에도 많으니 말이다.

하지만 마이스터 이야기를 하면서 '대학 못 가도 성공하는 나라'를 강조하는 이유는 독일에 가능성이 더 많이 열려 있다는 말을 하고 싶어서다. 독일에서 대학을 가지 않고 성공하는 가장 빠른 방법은 마이스터가 되어 자영업으로 독립하는 길이다.

마이스터의 성공은 독일에서 아주 흔한 일이다. 그런데 그 성공을 두고 넥타이 메고 머리에 기름 바르고 펜대 굴리는 사람들을 상상해서는 안 된다. 마이스터의 성공이란 곧 노동자의 성취를 의미한다. 또한 성공한 후 노동을 던져버리고 전혀 다른 삶을 살아가기 위함이 아니다. 마이스터는 죽을 때까지 노동에서 손을 떼지 않으면서 경영도 함께하는 사업가다.

앞서 이야기한 스퇴배 씨는 성공한 메츠거 마이스터다. 직접 생산한 바이오 수제 소시지와 생고기를 파는 정육점 두 개를 운영하고 있는 자영업자다. 이 사람이 사는 모습을 볼 때마다 감탄하곤 한다.

이른 아침 5시부터 오후 2시까지는 비닐 작업복에 피 묻은 앞치마를 두르고 정신없이 고기를 자르고 훈제품을 생산하는 데 몰두하다가 오후에는 깨끗하게 샤워하고 단정한 차림의 비즈니스맨이 된다. 정육점만 운영하는 것이 아니라 레스토랑이나 식당에 고기 납품도 하고 파티 서비스도 함께하며, 스스로 상품 홍보와 경영을 직접 하기 때문이다.

오전에는 건강한 노동으로 땀 흘리고 오후에는 향수 냄새 폴폴 풍기며 심플하게 차려 입은 후 자신의 손으로 직접 만든 제품을 알리는 사업가인 것이다. 사무실에 앉아서, 혹은 펜대 잡고 이룬 성과도 가치 있는 일이지만 이런 노동자의 성공이야말로 진정한 의미의 성공인 것 같다.

그를 만날 때마다 대단하면서도 멋지다는 생각에까지 삶의 활력을 얻는 듯 힘이 솟곤 한다. 스퇴배 씨는 스스로 두 가지 일을 모두 잘해내는 자신에 대해 대단한 자부심을 갖고 있다.

그 때문에 하나밖에 없는 아들을 자기와 똑같은 길을 걷게 했을지도 모른다. 그의 아들도 메츠거 마이스터가 되어 아버지와 함께 일하고 있으니 말이다. 이런 성공, 정말 멋지지 않은가?

가끔 스퇴배 씨와 훈제품 생산이나 독일 소시지, 육류 시장에 대해 이야기하다 보면 눈을 반짝이며 시장에 대한 이론을 펼치는 그야말로 진정한 전문가라는 생각이 들곤 한다. 이런 사람들이 바로 독일의 저변을 지키는 건강한 중소 상인이다.

아무리 대학 졸업한 잘나가는 비즈니스맨이라도 성공한 마이스터 앞에서는 함부로 나서지 못할 것이다. 그들은 생산부터 소비까지 전 공정을 환하게 꿰고 있기 때문이다. 뿐만 아니라 후진 양성까지 아우르고 있는 마이스터는 결코 함부로 볼 수 없는 전문가 집단이다.

사회의 바닥부터 배우는
아우스빌둥

아우스빌둥에 관심이 많아 자료를 찾아보기도 하고 직업학교 교사들을 만나 인터뷰도 하곤 하지만 정작 내 아이들이 둘 다 직업학교를 다니지 않았기 때문에 김나지움만큼 현실적으로 이해하는 데는 항상 한계가 있었다.

언론이나 자료에 의한 공부보다는 현장에서 부대끼며 알아야 진정한 지식을 얻을 수 있는 것인데 그렇게 할 수 없으니 한편으론 답답하기도 했다. 아이들에게 물어봐도 직접 경험하지 않아서인지 크게 도움이 되지 않았다. 그래도 항상 관심을 갖고 귀를 쫑긋 세우니 얻어듣는 정보들은 적지 않은 것 같다.

한국 사람들을 만나거나 언론사 기고 등을 통해 독일 직업교육에 대해 이야기할 때는 핵심만 짚고 넘어갈 뿐 구체적인 부분까지 언급하기에는 시공간적으로 턱없이 부족하다. 그 때문인지 어떤 사람들은 피상적인 몇 가지 장점만 듣고는 독일 직업교육에 대해 지나친 환상을 갖는 것 같아 우려스러울 때도 있다.

아우스빌둥을 받고 마이스터가 된다고 해서 저절로 성공의 문턱에 와 있는 것은 아니다. 자기 분야에 일가를 이룬 마이스터들은 결코 평범하지 않다. 여느 성공한 기업가와 마찬가지로 치열한 삶을 사는 사람들이다. 성공으로 가는 길이 도처에 열려 있다고 해도 누구나 그 길로 갈 수 있는 것은 아니다.

또한 아우스빌둥은 경우에 따라서 이제 막 고등학교 1학년을 마친 청소년들에게는 가혹하리만치 힘겨운 직장생활의 시작이다. 한국식으로 계산하자면 고등학교 2학년 나이가 된 아이들이 산업 현장에서 본격적으로 노동을 하게 되는 것이다.

게다가 처음에는 전문가가 아니라 실습생이기 때문에 그 분야의 가장 힘든 바닥부터 일을 시작하게 된다. 보통 개인 기업의 경우는 대부분 청소부터 시작하는 것이 일반적이다. 열여섯 나이에 이미 사회생활의 밑바닥을 경험하게 되는 것이다. 물론 은행이나 공무원 등 사무직은 약간 다르지만 수공업이나 생산 현장 등에서는 당연히 가장 힘든 육체노동부터 시작하는 것이 보통이다.

예전에 큰아이가 하교 길 버스 안에서 우연히 들었다며 버스 뒷자리에 앉은 여학생이 울면서 털어놓았다는 사연을 전해주었다. 우리 아이 뒤에 친구처럼 보이는 여학생과 남학생이 앉았는데 여학생은 고등학교

2학년 나이였고 실업학교인 레알슐레를 졸업하고 직업교육을 받고 있었던 것 같았다.

"이렇게 힘든 일을 할 줄 알았으면 학교 다닐 때 공부 좀 열심히 할 걸. 그랬으면 좀 더 편한 일을 찾을 수도 있었을 텐데. 은행원이나 사무원 같은 거 말이야. 너무 힘들어. 김나지움 다니는 아이들은 절대 모를 거야. 내가 얼마나 힘들게 살고 있는지. 나 아우스빌둥 끝나면 꼭 공부해서 아비투어 보고 대학 갈 거야. 공부 안 하고 놀기만 했던 게 너무 후회 돼…"

이렇게 이야기하면서 훌쩍거리는데 우리 아이가 옆에서 듣기만 해도 마음이 짠해서 '그러게 공부 좀 열심히 하지…'라는 말이 저절로 나오더라고 했다.

어떻게 생각하면 너무 일찍 세상을 알게 되는 것 같아 안쓰러운 마음이 들기도 한다. 그 나이 때는 선진국이니 복지 혜택 누리며 세상모르고 순진하게만 살 수 있을 것 같지만 실상은 혹독하리만큼 힘든 것이 현실이다. 아우스빌둥은 산업 현장에서 전문가로 치열하게 사는 법을 배우는 과정이기 때문이다.

학창 시절 내내 공부를 잘하든 못하든 모든 학생의 목표는 대학이어야 하는 것처럼 듣고 살았다. 한국 정도는 아니지만 독일도 전체적인 경향은 그리 다르지 않다. 성적이 어느 정도 되는 학생들은 대학 진학을 계획한다.

초등학교 4학년을 마치고 실업계와 인문계로 나누어진다고 하지만 실업계 중고등학교에 진학했던 사람 중에도 적지 않은 학생들이 대학 진학으로 진로를 바꾸기도 한다. 한국과 다른 면이 있다면 인문계 김나지움에서 어지간히 공부를 좀 한다는 학생들 중에도 자신의 의지대로 대학보다는 직업학교를 선택하는 경우가 종종 있다는 사실이다.

대학 진학률이 80%가 넘는 한국에 비해 독일은 그 절반인 40%이니 대략 그 비율과 학생들의 선호도를 추측해볼 수 있다. 한국처럼 대학생이 흔하지 않으니 독일에서는 대학을 가려는 학생들이 대접받을 것 같은데 실상을 들여다보면 그렇지도 않다.

직업교육이 여전히 건재한 독일이지만 이 나라도 힘든 수공업 분야는 아우스빌둥을 받는 사람이 줄어들면서 직업학교의 학생 수도 감소하고 있는 것이 현실이다. 그렇게 되면 이 분야의 교육 재정도 점점 빈약해지고 소홀해질 것 같은데 그렇지는 않은 것 같다. 학생이 줄어들고 있지만 시는 예전이나 지금이나 단 몇 명을 위해서라도 질 높은 실기 수업을 제공한다.

한 반에 30~40명 가까이 되는 아이들이 복닥거리며 수업을 받고 있는 인문계 학교인 김나지움에 비해 베루프스콜레크라는 수공업 분야 직업학교의 실기 수업은 한 반에 열 명 미만인 경우가 허다하다. 열 명도 안 되는 학생을 위해 마이스터 교사 한 사람이 배정되는 것이니, 일반 김나지움 상황과는 다분히 비교된다.

예전에 방송 취재 때문에 방문한 에버바흐 직업학교도 마찬가지였다.

수공업을 위한 기초 실기 수업에 여섯 명의 학생들을 교사 한 사람이 가르치고 있었다. 수업은 당연히 질이 높을 수밖에 없다. 목공 수업이나 철공 수업 모두 대여섯 명의 학생들이 담당 교사로부터 친절하고 상세한 지도를 받고 있었다.

수업이 끝나고 한 인터뷰에서, "교사 한 명당 이렇게 학생이 적다니, 김나지움과 비교해서 참 비싼 수업이다"라고 감탄하니 마이스터 선생님은 "너도 나도 하지 않으려고 기피하는 직업인데 학교에서도 소홀히 한다면 누가 이런 직업으로 나가려 하겠느냐"며 아주 당연한 대접이라고 했다.

들고 보니 맞는 말이기는 하다. 그런데 혹자는 '영재를 우선적으로 키우는 게 맞는 것이 아닌가?'라고 반문할 것이다. 모두 틀린 말은 아니다. 다만 이는 독일의 교육 방향을 보여주는 좋은 예라고 할 수 있다.

CHAPTER 2

학벌보다는
실력이
우선인
사회

대졸자 귀한 나라 독일

한국은 인구 비례 대학생의 비율이 가장 높은 나라다. 그에 반해 독일은 선진국 중 가장 학력 수준이 낮은 나라를 꼽으라면 그 안에 들 수 있을 것 같다.

물론 진학률이 40%라도 입학한 학생들이 모두 졸업할 수 있는 것이 아니다. 대학 진학률 40%에 졸업률이 50%밖에 되지 않으니 대학생이 귀하다고 여겼던 우리의 70~80년대와 상황이 비슷하다.

한국 사회의 고학력 문제는 갈수록 심각한 상황이다. 대졸자의 과잉 공급에 따라 힘들여 학업을 마친 대가가 충분하지 않으며, 공급이 넘치니 엘리트 경쟁 또한 치열해서 고학력이 능력과 직결된다는 생각도 점점 사라지고 있다.

그러나 독일은 다르다. 이 나라는 대학 진학률도 낮지만 졸업률도 형편없다. 연방 통계청 조사에 의하면 독일 대학생 다섯 명 중 두 명만이 규정된 학기 안에 졸업할 수 있다. 이러한 결과의 원인은 훌륭한 직업교육 시스템이라든지 독일 청년들의 학문에 대한 끈기 부족 등 여러 방면에서 찾을 수 있다.

이에 대해 독일대학생연합Freier Zusammenschluss von studentInnenschaften, FZS은 "아르바이트를 하며 학업을 하는 사람이 적지 않고, 사회 활동을 학업과 병행하는 경우도 많기 때문에 대학생활이 길어질 수밖에 없다"며 학사 규정에 정해진 기한 자체가 잘못되었다고 비판하기도 했다.

그러나 대학 진학률과 졸업률이 낮다고 대졸자의 가치를 낮게 평가하는 사회는 아니다. 상대적으로 희소성이 있는 대학 졸업장은 그 어떤 나라보다 더 인정받고 선망의 대상이기도 하다.

문과 계열은 물론 다르겠지만, 보통 독일은 고학력 실업률이 심각하기는커녕 고학력을 필요로 하는 기업이나 연구소에서 사람을 찾지 못해 난리다. 또한 불필요한 곳에 대졸자가 진입해 있지도 않다. 관공서나 은행, 일반 기업 등 창구에서 고객을 상대하는 단순 업무를 보는 직장인이 대학을 졸업한 경우는 극히 드물다.

현대사회는 갈수록 고학력자의 필요성이 줄어들고 있다. 컴퓨터와 기계가 모든 일을 처리해주고 인간은 기계를 순조롭게 작동시키고 적절한 소프트웨어를 사용할 수 있는 정도의 지식만을 필요로 할 때가 많다. 반드시 대학 졸업장이 필요하지 않은 일이 점점 많아지다 보니, 집단의

우두머리만 엘리트면 충분할 수도 있다.

고학력이 국가 발전에 장점으로 작용하던 시대는 지났다. 고학력 사회는 학력주의가 낳은 사회 현상이다. 그런 분위기가 일면 경제 발전과 사회의 질을 향상시키는 데 상당한 기여를 한 것도 사실이다. 그러나 이미 그 분기점을 넘었을 때는 긍정적인 면보다는 청년 실업, 과도한 엘리트 경쟁 등 심각한 사회 문제를 양산하게 된다.

결국 해답은 학벌보다는 실력이 인정받는 사회로 나아가야 한다는 데 있다. 관공서나 사회 기관, 기업이 학력보다는 실력으로 사람을 평가해서 적재적소에 배치할 수 있는 안목을 키운다면, 고비용 저효율의 고학력 사회도 차츰 현실적인 방향으로 전환할 수 있을 것이다.

학벌 낮은 간호사는
실력도 낮을까?

미래 사회로 갈수록 노령화와 함께 간호 인력도 증가되어야 한다. 베르텔스만Bertelsmann 연구소에 의하면 독일의 경우 2030년까지 50만 명의 간호 인력 보강이 필요하다고 한다. 현재도 절대적으로 부족한 상황이지만 앞으로 이 분야의 인력난은 갈수록 더욱 심각하게 될 것이라고 예측하고 있다.

독일의 교육 제도나 사회 시스템을 보면 지구상에 존재하는 모든 경쟁지상주의, 학벌주의와 외롭게 싸우고 있다는 느낌이다.

손가락이 네 개인 사람들만 사는 동네에 들어가면 다섯 개 가진 사람이 비정상으로 치부되듯, 경쟁이 최고인 세상에서 저평가되고 있는 독일 교육을 보면 그런 느낌이 든다. 여기에 이제 독일은 유럽연합이라는 울타리 때문에 교육이든 경제든 독단적으로 움직이기는 어렵게 되었다.

지난 2012년 유럽연합 위원회는 간호사나 조산원의 질을 높이기 위해 아우스빌둥을 위한 전제 조건으로 아비투어를 이수해야 해야 한다는 제안을 했다. 이미 24개 유럽연합 국가들에서는 시행되고 있는 제도지만, 이 제안이 현실화된다면 가장 큰 타격을 받을 나라는 독일이다.

간호사 아우스빌둥을 위해 아비투어를 보아야 한다면 인력이 다른 직업교육 분야로 빠져나갈 것은 불을 보듯 자명하기 때문이다. 아비투어를 위해서는 실력도 실력이지만, 현재 10학년을 마치고 시작하던 직업교육을 12학년을 졸업해야만 시작할 수 있게 된다.

만약 학벌로 인력의 질을 측정한다면 독일은 간호사의 수준이 가장 낮은 나라다. 미국이나 한국은 간호사 양성을 대학교육을 통해 하고 있고 독일은 직업교육 분야이기 때문이다.

독일에서는 10학년을 마친 레알슐압슐루스Realschulabschluss 자격만 있으면 이원제 직업교육을 3년 동안 받고 간호사나 조산원이 될 수 있다. 이른 나이에 아우스빌둥을 시작해서 일찍 전문가로서 직업 전선에 뛰어들 수 있는 시스템이다. 독일기독교민주연합Christlich-Demokratische Union Deutschlands, CDU 주 의회가 유럽 의회 제안을 거부하며 한 말이 인상적이다.

"아비투어가 간호사 아우스빌둥의 전제 조건이 된다면 앞으로 독일에 간호사 부족 현상은 더욱 극심해질 것이다. 학벌을 통해 병원에서 일하는 간호사의 질을 결정하는 건 말도 안 된다. 그것보다는 그 분야에서 얼마나 전문적으로 실무교육을 받았는지가 더 중요하다."

이 말은 직업교육뿐만 아니라 실무를 위주로 하는 전반적인 독일 교육을 대변하고 있다.

독일에 온 지 얼마 되지 않아 작은아이를 출산했을 때의 일이다. 몸조리해줄 사람이 마땅치 않아 일주일 동안 병원에 입원을 했었다. 그때 나는 간호사를 왜 백의의 천사라고 하는지 처음으로 알았다. 지금은 익숙해져서 별 느낌이 없어졌지만 처음 독일에 왔을 때는 친절하고 상냥한 간호사를 대할 때마다 감탄하지 않을 수 없었다.

그녀들은 내게 의료적 지식에 관한 믿음보다는 인간적인 면으로 더 많이 다가왔다. 의사를 대할 때면 '저 사람이 과연 나를 제대로 치료하고 있을까?' 항상 불안한 마음으로 반신반의했지만 간호사는 많이 달랐다.

물론 그렇지 않은 간호사도 많겠지만 작은아이를 출산한 후 병을 얻어 오랜 기간 병원에 입원하고 수도 없이 병원 문을 들락거렸지만 나의 기대에 실망을 안겨준 간호사는 별로 없었다. 세계에서 가장 학벌 낮은 간호사가 독일 간호사라는 사실은 독일에 한참을 살고 나서 비로소 알게 되었다.

대학 진학 위해
취업을 먼저

"정확히 말하면 제 목표는 의상디자인학과가 있는 대학에 진학하는 것입니다. 그런데 내가 가고 싶은 대학은 사립이기 때문에 등록금을 내야 합니다. 그 대학에 입학하려면 돈을 벌어야 해요. 이번에 학교를 졸업하면 대학보다는 여행사에 먼저 취직해서 좋아하는 여행도 하고 돈도 벌 계획입니다. 얼마간의 돈이 모이면 원하던 대학에 지원해보려고요."

당시 열여덟 살, 12학년 디어링Dirling은 학교를 졸업한 후의 진로에 대해 묻자 이렇게 입을 열었다. 몇 해 전 한국에서 온 방송국 기자들과 행복 수업을 취재하다가 만난 여학생이었다.

디어링은 10학년에 끝나는 레알슐레를 마치고 직업교육을 받지 않았다. 레알슐레 저학년 때는 대학에 대해 생각해본 일이 없었지만 학년이 올라가면서 하고 싶은 공부가 생겼다. 그녀는 의상 디자인을 배우기 위해 파흐호흐슐레Fachhochschule라는 사립 전문 대학에 가기로 결심하고 고학년에 진학했었다.

독일인들 중에는 평범하게 초중고, 대학을 차례로 졸업하고 그에 걸맞는 직업을 찾는 사람들도 있지만, 일단 직장에 먼저 취업을 해서 세상 경험을 해본 다음 진학을 생각하는 젊은이들도 많다.

특히 처음부터 대학을 목표로 공부하는 김나지움보다는 레알슐레를 졸업한 학생 중에 그런 길을 가는 사람이 많다. 레알슐레를 졸업하면 아우스빌둥을 하는 것이 보통이지만 어느 정도 성적이 되면 상급 학년에 진학해서 대학 입시를 준비할 수 있는 기회가 있다.

당연히 성적이 어느 정도 수준에 도달해야 한다는 기준은 있지만 조금만 노력하면 성적을 올리는 것은 어렵지 않다. 일단 대학을 가려는 학생들은 공부에 취미가 있다는 말이니 성적이 문제는 아니라고 한다.

디어링이 그런 학생이었다. 그녀는 에버바흐에 있는 테오도르 프레이 종합학교 12학년이었다. 레알슐레 10학년을 마치고 당시 12학년이라는 말을 들었을 때 대학 진학을 위해 직업교육을 받지 않았다고 생각했다. 그런데 그녀는 당장 대학을 갈 생각은 없다고 했다.

디어링의 꿈은 패션 디자이너였다. 이에 디자인 공부를 전문적으로 할 수 있는 전문 대학을 알아보았지만 사립이라 등록금을 내야 한다는 것을 알고 포기했었다. 엄마와 둘이 살고 있는 디어링은 그리 넉넉한 가정 형편이 아니어서 등록금을 내는 대학에 입학한다는 것은 형편상 무리였기 때문이었다.

독일은 등록금이 없는 주립학교가 대부분이지만 전문적인 학과가 개설된 사립대학도 드물게 있다. 그런데 공교롭게도 그녀가 원하는 과정이 사립학교에만 있었던 것이다.

디어링은 당시 학생이었지만 직장인이기도 했었다. 부모로부터 전혀 용돈을 받지 않고 학교에 드는 비용과 옷 값 등을 모두 스스로 벌어서 해결하고 있었다. 10학년 때인 2년 전부터 레스토랑에서 금요일 오후부터 일요일까지 최저 임금인 450유로 정도의 보수를 받는 직업을 갖고 있었다. 돈이 더 필요하면 어떻게 하냐고 물었더니, 없으면 안 쓴단다. 10학년 이후로 엄마에게 손 벌린 적이 없다고 했다.

그녀는 당시 졸업을 하면 여행사에 취업하기 위해 일자리를 열심히 알아보고 있었다. 여행사 가이드는 좋아하는 여행도 많이 할 수 있고 돈도 벌 수 있는 일석이조의 직업이기 때문이었다. 그렇게 몇 년 동안 일한 후, 돈이 얼마간 모이면 디자인 학교에 응시해볼 생각인 것이다.

가정 형편이 넉넉지 않은 디어링은 이렇게 꿈을 키우고 있었다. 독일 또한 여유 있는 가정에서 유복하게 자라는 아이들도 있지만 그렇지 않은 경우도 많다. 특히 가정이 어려운 학생들은 대부분 10학년이 지나면 스스로 아르바이트라도 해서 자기 앞가림을 한다. 법적으로 성인으로 인정받는 18세가 되어 완전히 부모에게 독립하는 것은 자연스러운 일이지만 이미 16세부터 자신의 용돈 정도는 알아서 해결하는 학생들이 적지 않다. 일찍 세상을 알고 스스로 사는 법을 터득해가는 것이다.

나이 50에 대학 졸업,
공무원 된 여인

어느 때인가 한 TV 프로그램에 안철수 국회의원이 출연하여 '패자에게도 기회를 주는 사회가 되어야 한다'는 말을 했었다. 나는 그 말에 적극 공감한다. 누구에게나 재기할 수 있는 길이 사방으로 열려 있는 나라, 내가 항상 부러워했던 독일 사회의 일면이기도 했다.

니콜Nicole, 그녀는 행복 수업 연수를 받을 때 알게 된 친구로, 우리 행복 수업 연수생원들 중에 가장 멋쟁이였다. 외모를 가꾸고 화장하는 데는 게으른 독일 여인들 사이에서 단연 돋보일 수밖에 없었다.

그녀는 우리 그룹 스무 명 남짓한 이들 중 언제나 눈에 띄게 세련된 모습으로 나타났다. 다른 사람이라면 소화하기 힘들 것 같은 조금은 요란해 보이는 옷을 즐겨 입기도 했다. 니콜이 등장하면 다들 "와우, 멋있다"라며 감탄했었다. 비판도 잘하지만 칭찬에 인색하지 않은 독일인의 여유로움이 그녀 때문에 더욱 잘 나타나는 것 같았다.

연수에 임하는 자세도 누구보다 활동적이고 매사에 열심이었다. '그녀는 어떤 사람일까?' 나뿐 아니라 거기 있는 모든 이들에게 그녀는 관심의 대상이었던 것 같다.

행복 수업 첫 시간에 나이는 50이고, 대학에서 사회복지학을 전공했고, 행복 연수를 받기 바로 전까지 사회복지사로 일했다는 자기소개를 들었던 터라 막연히 평범한 독일 가정에서 자라서 무난히 대학을 졸업하고 직장생활을 했던 가정주부라고 생각했다.

그런데 연수 막바지 즈음 어느 날, 니콜은 바로 그 전날 아헨 시 공무원에 합격했다는 통보를 받았다며 그 큰 키로 50이나 되는 나이도 잊은 채 껑충껑충 뛰며 좋아했다.

공무원으로서 그녀의 첫 근무지는 우연의 일치인지 우리 작은아이 학교였다. 이 학교의 사회복지사로 문제 학생 상담도 하고 행복 수업을 할 예정이라고 했다. 근무지가 작은아이 학교라는 것을 알고는 반가워하며 내게 학교에 대해 상세히 물어보기도 하고 직접 수업을 하게 될 우리 작은아이에 대해서도 관심을 보였다.

그렇게 우리 아이 학교에 대해 이야기하다가 그녀에 관해 더 상세히 알게 되었다. 니콜은 실업학교인 레알슐레 10학년을 졸업하고 바로 결혼을 해서 직업교육도 받지 않고 집에서 살림만 했다고 한다. 열네 살에 처음 만난 남편과 30년 동안의 결혼생활을 마감하고 40대 초반에 지금의 남편을 만나 새 출발을 했다.

지금 남편과 결혼을 하기 전까지만 해도 이혼을 하고 나서 앞이 막막했다고 한다. 집에서 살림만 하면서 남편만 바라보고 살아왔던 그녀가 할 수 있는 일은 아무것도 없었다.

'당장 어떻게 생계를 꾸려나갈 것인가' 하는 깊은 고민에 빠져 잠 못 이루는 날이 허다했다. 그러다가 지금의 남편을 만나 결혼을 하고 다시 행복한 가정을 꾸리게 되면서 자동적으로 생계에 대한 고민에서도 벗어나게 되었다고 했다.

그러나 이혼과 함께 맞이한 시련을 통해 그녀는 집에서 가정주부로만 살아서는 안 되겠다는 생각을 하게 되었다. 직업교육을 받을 수도 있었지만 대학을 가기로 결심했다. 그때 나이 40대 중반이었다.

자, 여기서부터 한번 생각해보자. 학교를 10학년까지만 다닌 사람이 대학을 가려면 어떻게 해야 할까? 원리 원칙대로라면 야간 김나지움 등을 통해 3년 동안 인문계 과정을 끝마치고 아비투어를 합격해야 한다. 그 뒤 대학에 진학하고 학사 졸업장을 받으려면 7~8년의 세월이 필요하다. 40대 중반에 7~8년은 너무 긴 세월이다.

이런 사람들을 위해 독일에는 '여성 대학'이라는 제도가 있다. 이 대학은 30~40대 정도 연령의 가정주부나 재교육을 원하는 여성들이 아비투어 성적 등 특별한 자격 제한 없이 면접을 통해 간단히 진학할 수 있다. 김나지움에서 공부해야 할 3년이라는 시간과 아비투어를 세상 경험을 통해 얻은 지혜와 연륜으로 대체하고, 뒤늦은 학문에 대한 열망을 존중해 혜택을 주는 것 같다.

물론 학비는 무료다. 여타의 대학과 같은 커리큘럼으로 학사 일정이 짜여 있어 졸업을 하면 동등한 대졸 자격을 갖는다. 독일은 아직 명확하게 명문 대학에 대한 기준이나 사회적인 편견이 없기 때문에 대학을 졸업하면 모두 똑같은 대졸자다. 어느 대학을 졸업했는지는 그렇게 중요하지 않다.

니콜은 여성 대학 사회복지학과에 입학해서 3년 만에 학사로 졸업했다. 그렇게 대학을 졸업하고 그녀는 바로 일자리를 얻을 수 있었다. 시간제 사회복지사였다. 시에서 월급을 받지만 정식 공무원은 아니었다.

이에 그녀는 시간제 일에 만족하지 않고 정규직 일자리를 찾고자 했다. 그러던 중 행복 수업˙ 연수를 받게 되었고, 대졸 경력과 당시 끝나지도 않았던 행복 수업 연수 이력을 써 넣어 아헨 시 학교 사회복지사 모집에 응시했다.

그렇게 그녀는 이제 막 대학을 졸업했거나 쟁쟁한 경력을 자랑하는 한창 나이의 젊은이들과 나란히 경쟁해서 당당히 아헨 시의 정식 공무원으로 합격했다.

여기서 또 한 가지 독일인의 직장인에 대한 중요한 인식을 엿볼 수 있다. 독일 기업은 같은 임금이면 나이 든 사람을 선호한다. 그 계통 경력자는 물론이지만 경력자가 아니라도 임금이 같을 경우에는 연륜이 큰 장점으로 작용한다. 니콜도 그 부분에서 더 인정을 받았던 것 같다. 나이 50이면 이미 명예퇴직을 했거나 걱정해야 하는 한국과 많이 다르다.

니콜과 같은 사람이 이 사회에는 참 많다. 물론 현실에서 벗어나지 못하고 전전긍긍 사는 사람들도 당연히 적지 않다. 그러나 분명한 건 스스로 선택한 삶일 뿐 벗어나고자 하면 얼마든지 길은 있다. 그것도 손만 벌리면 쉽게 잡아줄 수 있는 통로를 언제나 열어놓고 재기를 원하는 사람들을 기다리고 있다.

CHAPTER 3

대학
입학이
제일
쉬웠어요

최고 대학 인기 학과
선발 기준은

교육 이야기를 쓰면서 독일 교육에 관한 수많은 글을 읽는다. 그러면서 자주 접하는 내용은 중고등학교 때 성적이 우수한 사람이 반드시 우수한 대학생은 아니라는 것이다.

아비투어 점수를 가장 중요한 신입생 선발 기준으로 삼는 현 입시 제도의 부당함을 지적하면서 많은 교육학자들이 자주 언급하는 내용이다. 실제로 대학 신입생 선발 기준에는 그러한 주장을 일부 인정하는 흥미로운 부분이 있다.

독일은 한국처럼 절대 우위를 입증할 수 있는 명문 대학이 아직은 명확하게 존재하지 않는다. 때문에 정상에 있는 한 대학에 전국 최우수 학생들이 모두 몰리는 현상은 없다.

물론 세계 대학 평가에서 독일에서 가장 우수하다고 평가받은 대학이 뮌헨대학Ludwig-Maximilians-Universität München이기 때문에 외국인이 보면 뮌헨대학이라고 생각할 수도 있다. 또 그 대학에서 성적이 우수한 학생들이 지원하고 경쟁률이 높은 학과가 의대나 법대 등이기 때문에 최고 대학 인기 학과를 뮌헨 의대로 볼 수도 있다. 그런 의미에서 최고 대학 인기 학과의 예로 뮌헨 의대를 들어 설명하고자 한다.

독일도 의대에 진학하는 학생들은 공부는 기본으로 잘해야 한다. 독일 모든 의대의 선발 기준에는 큰 카테고리가 정해져 있다. 20%는 무조건 아비투어 평점이 높은 순서, 20%는 대기자 명단에 올라 있던 후보자 순서다. 대기자 명단이란 전해나 그 전해에 합격하지 못한 학생들이 대기자로 기다린 경우다.

대기자의 선발 기준은 성적이 아니라 오래 기다린 순서다. 아비투어 성적이 부족한 사람 중에 꼭 의사가 되기를 원하는 학생에게 기회를 제공하는 것이다. 성적이 충분하지 못한 사람은 처음부터 대기자로 분류되거나, 스스로 대기자로 지원한다. 대기자는 최장 6년까지 기다릴 수 있다. 보통 유명 대학 의대의 경우 5년 정도 기다리는 것은 보통이라고 한다.

대기자는 기다리는 동안에는 독일 다른 대학에 등록해서는 안 된다. 그러나 유학을 가거나 아우스빌둥이라는 직업교육과 취업 등 다른 모든 활동은 허용한다. 의외로 독일 학생들 중에는 대기자 명단에 올려놓고 그 직업에 필요한 사회적인 경력을 먼저 쌓는 경우도 적지 않다.

의대를 다니면서 필수로 이수해야 하는 자격증이라든지 실습 혹은 직업교육을 2년 동안 받고 의사는 아니지만 관련 분야의 전문가가 되어 그 경력을 인정받는 것이다. 아비투어를 합격한 사람은 3년의 직업교육 과정이 2년으로 축소되기 때문에 2년 만에 마칠 수 있다.

물론 그런 과정에서 관심 분야가 달라지면 진로가 바뀔 수도 있지만, 계속 뜻이 있는 사람은 아비투어를 보고난 뒤 5년 후에 원하는 학과에 입학한다. 중요한 것은 이런 학생이 처음부터 우수한 성적으로 입학한 사람보다 결코 대학에 들어가서 학문을 임하는 자세나 능력이 뒤지지 않는다는 데 있다. 그런 사람 중에 의외로 훌륭한 의사가 나오기도 한다는 것이다.

니머지 60%는 대학에 자율권이 주어진다. 뮌헨 의대는 아비투어 성적과 함께 3년간의 아우스빌둥을 마친 사람에게 보너스 점수를 준다. 간호사, 의료계통 실험실 근무자, 물리치료사, 산파, 의료 보조사 등 대학을 졸업하지 않고 직업교육을 받은 34개의 자연과학 계통의 전문 직업군이 해당된다.

또 베를린 의대 같은 경우는 60%의 대학 자율권 부분에서 베를린을 1순위로 써낸 학생의 아비투어 성적과 함께 의대에서 요구하는 중요 과목, 예를 들어 수학과 물리, 화학, 생물 등의 과목을 심화 과정으로 선택해서 좋은 점수를 받은 학생에게 플러스 점수를 준다.

이렇게 대학이 가장 많은 분포를 차지하는 대학 자율권 부분에 모두 다른 기준을 정하고 있기 때문에 학생들은 자신에게 유리한 학교를 찾아서 꼼꼼하게 체크한 다음 원서를 내야한다.

독일 입시에서도 성적이 가장 중요한 평가 기준이기는 하지만 무조건 '국영수'를 완벽하게 잘해야만 하는 것은 아니다. 대학 자율권 60%를 성적순으로만 선발하는 대학도 마찬가지다. 독영수에 비중을 두는 성적순은 아닌 것이다. 수학은 포기하고 음악이나 미술, 혹은 사회 과목을 중요 과목으로 선택한 학생도 독영수를 선택한 학생과 똑같은 평가 기준이 적용된다.

인기 학과에 진학하든 그렇지 않든 독일 입시에서는 모든 분야의 학문과 학생 개개인의 적성이 최대한 존중받는다.

누구나 올림픽 출전
꿈꿀 수 있다?

누구나 올림픽 출전을 꿈꿀 수 있다는 소리는 대체 무엇을 기준으로 하는 말인지 얼른 와 닿지 않을 수 있다.

독일에는 스포츠 동호회에서 취미로 운동을 하면서도 올림픽 출전을 꿈꾸는 사람도 있다. 직장생활을 하며, 대학에 다니며 틈틈이 운동하면서 그런 야무진 꿈을 꾼다는 것이 가능할까?

누구나 그런 꿈을 꿀 수 있는 것은 독일 스포츠 협회의 시스템 때문이다.

이제 막 운동을 시작하는 초등학교 1학년부터 저 위에 올림픽 출전 경력을 가진 선수에 이르기까지 동네 대회부터 분데스리가까지 하나의 네트워크로 연결되어 있다. 이런 시스템에서 성장한 선수들이 올림픽에 출전하는 것이다. 아기 아빠이면서 의대생인 수영선수 헬게 미우Helge Meeuw나 아기 엄마이면서 태권도 선수로 올림픽에 출전한 수메이예 만츠 Sümeyye Manz가 그런 선수 중 한 사람이다.

탁구를 예로 들어보자. 탁구를 하는 모든 사람들은 이 시스템 안에 소속되어 경기를 하게 된다. 유치원, 초등학생부터 올림픽에 출전한 독일 대표 탁구선수 티모 볼Timo Boll까지 모든 이들의 경기 일정과 승률, 개인별 순위까지 모두 확인할 수 있다.

계속 우승해서 올라간다면 언젠가는 분데스리가 문턱에 닿을 수 있다. 누구나 열심히 하면 네트워크 피라미드를 타고 정상에 올라설 것이고 올림픽에 출전할 기회를 잡을 수도 있는 것이다. 시즌마다 경기 전력이 올라오는 도표상으로는 분데스리가도 그리 멀지 않다.

물론 이런 종류의 이야기는 이상론일 뿐이고 실제는 중도에 그만두거나 어느 정도 선에서 더 이상 진전하지 못하고 끝나는 경우가 대부분이다. 하지만 중요한 것은 가능성은 항상 존재한다는 사실이다.

이 시스템은 스포츠뿐 아니라 대학도 마찬가지다. 명문 대학에 대한 기준이 명확하게 없는 독일은 대학보다는 학과에 따른 경쟁률 차이가 아주 심하다. 몇몇 인기 학과는 정원보다 몇 십 배의 학생이 몰리니 학과별로 까다로운 선발 기준을 적용하기도 한다. 이럴 경우 당연히 성적이 우수한 학생들에게 우선권이 있다. 그러나 합격은커녕 엄두조차 내 볼 수 없을 정도로 형편없는 점수를 받은 학생들 또한 이런 학과에 들어갈 수 있도록 일말의 가능성을 제공하는 대학도 있다.

합격을 하고도 등록 시한까지 등록하지 않은 사람 때문에 결원이 생기면 전체 지원자 중에 제비뽑기로 추가 합격자를 결정하는 것이다. 때문에 상위 1%도 들어갈까 말까한 최고 인기 학과에 90% 이하 최저점을 받은 학생이 합격하는 일도 가끔 있다.

그러다 보니 처음부터 이런 행운을 기대하고 턱없는 점수로 지원하는 사람도 있다고 한다. 로또 당첨되듯, 운 좋으면 합격할 수도 있으니 말이다. 어떤 성적으로 입학하든 대학 가서 열심히 하지 않으면 모두 제적당하기 때문에 이런 학생이 대학의 질을 저하시킬 염려는 없다.

처음 이 이야기를 들었을 때는 '대학 진학이 무슨 애들 장난도 아니고 뭐하자는 거지?'라며 의아했지만 우리 아이가 입시생이 되면서 그 이유를 알게 되었다.

아주 미비하더라도 꼴찌도 합격할 수 있는 가능성을 열어두는 것은 모두에게 희망을 주기 위해서라고 한다. 누구든 간절히 원하는 사람은 가능성이 있으니 절망할 필요가 없다는 메시지다.

어떻게 생각하면 어이없기도 하지만 이 사회의 단면을 보여주는 중요한 제도다. 누가 일등하고 누가 경쟁에서 승리했는지도 중요하지만 모두가 꿈과 희망을 잃지 않도록 기회를 주는 일 역시 필요하다는 것이다.

수능시험 망치면
재시험 가능

　인생을 단 하루의 시험에 걸고 전 국민이 매진하고 있는 나라, 한국. 지금은 그래도 수시가 있어서 예전보다 기회가 많아졌지만 단 하루 동안 보았던 학력고사가 모든 것을 결정했던 때도 있었다.

　요즘은 나아졌다고 하지만 여전히 하루 동안 본 수능 점수가 입시생의 남은 인생을 좌우할 수 있다. 일생일대에 그토록 중요한 시험인데, 만약 시험 도중 한번 실수라도 한다면 수년 동안의 노력은 결실을 맺지 못하고 물거품으로 돌아가고 만다.

　실제로 내가 보았던 학력고사 시대에는 그런 사람이 참 많았다. 평소에는 잘하던 친구가 시험 당일 지나치게 긴장을 한 것인지, 아니면 운이 없어 모르는 문제만 골라서 출제된 것인지 모의고사보다 훨씬 못한 점수를 받고 좌절하곤 했다.

그렇게 되면 보통 재수를 한다. 할 일 많은 청춘이 1년이나 다시 공부를 하며 기다려야 하는 것이다. 아니면 실력보다 못한 대학, 원치 않는 학과에 가서 거기에 맞는 인생을 살아야 했다. 이처럼 오로지 단 하루에 전 인생이 결정되는 시대도 있었다.

이에 반해 아비투어는 운이 좋아 시험을 잘 보았다든지 운이 없어 망쳤다든지 하는 말이 별로 없다. 운이 통할 수가 없기 때문이다.

독일 입시생도 시험 스트레스는 공부를 잘하건 못하건 많이 받는다. 노르트라인베스트팔렌 주의 아비투어 필기시험은 네 과목이다. 그중 한 과목은 구술시험, 나머지 세 과목은 필기시험이다.

아비투어는 하루에 끝나지 않는다. 일주일에 한 과목만 치르기 때문이다. 시험을 보고 나서 정신적으로나 육체적으로 에너지를 재충전할 수 있는 충분한 시간을 주기 위해서다.

또한 아비투어의 점수 산출 방식은 매우 흥미로운데, 수험생은 아비투어 본고사를 한 달 앞두고 포어 아비투어vor-Abitur라고 하는 모의고사를 본다. 포어 아비투어는 다른 시험과 똑같은 비율로 내신에 반영되는 것 외에도 학생들에게 대단히 중요한 시험이다.

이 모의고사 성적은 후에 아비투어 본 성적과 비교하도록 되어 있다. 만일 포어 아비투어에서 15점 만점을 받은 학생이 본고사에서는 11점을 받았을 경우 이 학생은 재시험을 봐야 한다.

반대로 모의고사에서 11점을 받았지만 아비투어 점수가 15점이 나온 학생도 마찬가지로 재시험 대상이다. 0점부터 15점까지의 점수에서 모의고사와 본고사의 점수 차이가 4점 이상이면 재시험에 응시해야 한다.

오지선다형이나 단답형의 시험이 전혀 없는 독일에서 짧은 기간 안에 획기적으로 성적을 올린다거나 운이 나빠 떨어진다는 것은 사실상 불가능하다. 한 문제를 풀더라도 12년 동안 쌓이고 쌓인 실력이 논술형의 긴 답안을 통해 검증되는 절대평가이기 때문이다.

한 달 전에 15점을 받았던 학생이 갑자기 11점을 받았다는 것은 심리적으로 큰 문제가 있었다든지 아니면 불행하게도 자신의 실력을 충분히 보여줄 수 없는 문제를 받았기 때문이다.

반대로 평소 11점을 받았던 학생이 15점 만점을 받았다는 것도 같은 이치이다. 지나치게 운이 삭용했거나 커닝이나 부정이 개입되었을 가능성을 염두에 둔 것이다. 최대한 학생의 실력을 정확하게 평가하기 위한 제도다.

마이스터는 수능 없이도
대학 진학

독일도 특별한 경우가 아니면 대부분 성적이 우수한 학생들이 인문계 학교인 김나지움을 졸업한 뒤 대학에 진학하고, 성적이 부족한 학생들이 직업학교에 간다.

물론 앞에서 이야기했듯이 전체 수험생이 똑같이 이와 같은 길을 걷는 것은 아니고 예외 상황은 우리가 생각하는 것보다 더 많이 존재한다. 김나지움을 졸업하고 대학 입학 자격시험인 아비투어를 합격한 사람 중에도 아우스빌둥으로 진로를 바꾸는 경우가 적지 않다.

여기 아이들이 그런 결정을 쉽게 할 수 있는 이유는 직업교육을 받아도 먹고 사는 데는 큰 지장이 없기 때문이기도 하지만 그보다 중요한 이유는 따로 있다. 아비투어는 한 번 합격하면 10년 후에라도 재시험 없이 대학 입학 원서를 낼 수 있기 때문이다. 한국처럼 재수, 삼수 하면서 해마다 다시 봐야 하는 시험이 아니다.

아비투어가 끝나면 물론 대부분의 아이들이 대학 진학을 원하지만 모두가 그런 것은 아니다. 우리 아이 친구들만 봐도 다양한 선택을 했던 것 같다.

한 친구는 졸업식 다음날부터 1년 동안 세계 일주를 떠났고, 어떤 아이는 군대가 더 이상 징병제가 아님에도 자원입대했다. 남자가 너무 허약하다며 아빠가 적극 권유했단다. 또 어떤 아이들은 직업교육을 시작했었다.

대학 입학 자격증인 아비투어 합격증을 소유한 사람은 직업교육을 받나가 언제든지 다시 대학에 진학할 수 있다. 그러나 아비투어를 하지 않고 9학년이나 10학년을 마치고 바로 직업교육을 시작한 사람이라도 따로 아비투어를 준비하지 않아도 대학에 갈 수 있는 길이 있다.

학과에 따라 약간씩 선발 기준이 다르지만 독일은 지난 2009년부터 대학 입학 자격시험인 아비투어를 직업 현장 경력으로 대체할 수 있는 대학 신입생 선발 기준을 마련해 시행하고 있다.

이 제도는 도입 직후부터 뜨거운 반응을 보이기 시작했고, 연방 통계청의 최근 자료에 의하면 지난 2013년 전체 독일 대학에 4만 5900명의 대학생이 아비투어 통과의례 없이 대학에 다니고 있고 최근에는 2.5%의 대학 신입생이 아비투어 없이 진학하고 있으며 이 수치는 계속해서 증가하는 추세다.

독일은 대학이 평준화되어 있기 때문에 전학이나 전과가 가능하다.

마이스터도 기존 대학생이 전과를 하듯 자격을 부여하는 것이다. 물론 마이스터가 대학에 입학하기 위해서는 직업과 연관된 전공이어야 한다.

현재 평범한 독일인이 초등학교를 입학해서 마이스터가 되기까지 소요되는 최소한의 시간은 15년이다. 직업교육을 받지 않고 김나지움에 진학해서 바로 대학에 입학했을 경우 대학 2학년 정도의 학년이다. 결국 인문계 학교를 나와 아비투어 시험을 보고 진학한 학생이 직업교육을 받은 사람보다 2년 정도 더 인정받는다는 계산이 나온다.

본격적으로 아비투어 없는 신입생 선발 기준이 마련된 것은 2009년부터지만, 독일은 지난 10년 동안 직업교육을 받은 사람들이 대학에 진학할 수 있도록 직업과 병행할 수 있는 원격 대학이라든지 방송 통신 대학, 분기별 대학, 일반 대학 등 다양한 방법으로 기회를 제공해왔다.

그럼에도 대학에 입학하는 마이스터가 많지 않아 문제가 어디에 있는지 고심 중이다. 주마다 신입생 모집 규정이 다른 점, 장학금 등 경제적인 지원 부족, 가정환경과 주변 분위기 등 그 이유에 대해서 여러 가지 요인을 조사 분석하고 있다고 한다.

대학이 문을 열어 놓고 '들어오시오, 들어오시오' 하고 있는데도 당사자가 원치 않아 문제다. 그것도 삼류 대학이 아니라 어떤 대학이라도 졸업을 하면 똑같이 인정받는 사회임에도 말이다.

CHAPTER 4

대학,
입학은 쉬워도
졸업은 어려워

사범대학 수학시험에
94%가 탈락

얼마 전 독일 쾰른대학Universität zu Köln이 발칵 뒤집힌 사건이 있었다. 당사자들에게는 심각한 일이었지만 이 뉴스를 접하고 웃지 않을 수 없었다. '나만 수학이 어려운건 아니었구나…'라며 은근히 위안되기도 했다.

초등학교 예비 교사인 쾰른 사범대학 학생들 중 94%인 347명이 수학 과목 시험에서 탈락했다. 총 369명 중 21명만이 합격한 것이다.

학생들은 이 참담한 결과를 받아 들고 교수와 학교에 격렬하게 항의했다. 이번에는 사안의 심각성을 반증하듯 좀처럼 자식 학업에 나서지 않는 부모들까지 들고 일어나 학교가 한동안 시끄러웠다.

학생들은 수학시험 문제가 지나치게 어렵고 교수의 지도 방법이 잘못되었다고 지적하며 교수가 실력도 없었지만 "수준이 5학년보다 못하다"

는 등 강의 시간에 의욕을 상실할 정도의 막말도 서슴지 않았다며 교수의 자질 문제까지 거론했다.

학생들은 또 "우리는 교사가 될 사람들이지 수학자가 되려는 것은 아니다"라며 수학은 그들에게 아주 작은 부분을 차지하는 비중요 과목일 뿐이라고 토로했다. 수학 한 과목 때문에 교사의 길을 포기하게 생겼으니 학생들이 흥분하는 것은 지극히 당연하다.

그러나 담당 교수는 "수학 문제는 기초적인 수준이었고 절대로 어렵지 않았다"며 "학생들이 중고등학교에서 제대로 공부하지 않았기 때문에 풀 수 없었던 것"이라고 항의의 부당함을 주장하며 팽팽히 맞섰다. 그는 또 "성적이 안 되면 탈락시키는 것은 당연하다"고 사태를 일축했다.

또 지금까지 자신이 가르쳐본 학생 중 가장 수학 실력이 형편없었다며 "미래에 초등학교 교사가 될 사람들의 수학 수준이 한심할 정도로 심각하다"고 학생들을 평가 절하했다. 이 학교 사범대학 수학시험 탈락자는 평소에도 30~40%에 달했다고 한다. 그러나 94%라는 불합격 사태는 전례가 없던 초유의 사건이었다.

학교는 학생들의 항의를 받아들여 대책을 마련했고, 결과 발표 직후 재시험을 보도록 기회를 주었다. 그러나 재시험을 통해서도 구제받은 학생은 100여 명에 불과했고 여전히 60%가 넘는 학생들이 탈락의 고배를 마셔야 했다. 교수 말대로 학생들의 실력이 없기는 없었던 것 같다.

독일에는 실제로 이런 학생들이 부지기수다. 특히 사범대학이면 자연과학이 아닌 문과 계열이니 말할 필요도 없다. 큰아이가 수학 과외를 해주었던 김나지움 후배는 독일어와 영어는 항상 최고점인 1점을 받았지만 수학은 잘하면 4점, 못하면 낙제점인 5점이라고 했다.

그 학생이 과외를 받는 목적은 수학을 잘하기 위해서가 아니라 낙제를 면하기 위해서였다. 그런데 큰아이 말을 들어보면 낙제를 피하기도 쉬운 일은 아닌 것 같았다. 그런데 공교롭게도 당시 이 여학생이 가려던 학과가 바로 사범대학이었다.

이 여학생의 경우 자기 말대로 수학 과목에 낙제만 안하면 어떤 학교 사범대학이라도 진학하는 데 전혀 문제가 없었다. 문제 정도가 아니라 우수한 성적으로 입학할 수도 있다. 그러나 진학 후에는 또다시 수학이 넘어야만 할 높은 산이 되고 마는 모양이다.

중고등학생은 없는 방학숙제,
대학생은 있다

큰아이가 대학에 들어가고 처음으로 2주간의 겨울방학을 맞아 집에 왔을 때다. 대학에 입학하고 나서 난생 처음 객지생활을 시작한 큰아이, 몇 달 동안 정신없이 공부만 하느라 집을 그리워할 마음의 여유조차 없었다며 핼쑥해진 얼굴로 너스레를 떨었다. 중고등학교 때는 한번도 해본 적 없는 엄살이었다.

맛은 없어도 엄마가 해주는 밥도 생각났을 테고 함께 공부하는 친구들이 있다지만 가족과 떨어져 사느라 외로웠을 모습을 생각하면 엄마 마음은 항상 애처롭다.

그래서 '2주 동안이지만 집에 와서 다리 펴고 편히 쉬면서 재충전하고 다시 전쟁터로 나가야지'라고 위로의 말이라도 해주고 싶었는데, 도대체 그런 말을 해줄 틈이 없었다. 오자마자 할 공부가 태산이라며 연습장을 들고 씨름하기 시작했다. 방학 때 풀어야 할 과제물이 산더미라는 것이다.

연신 아빠를 붙들고 질문을 해대는 통에 남편은 '아들 잘못 둔 덕에 다 늙어서 다시 물리 공부하고 있다'고 투덜거리면서도 외면할 수 없는지 함께 머리를 싸매고 끙끙거리기도 했다.

'아니, 초등학교부터 중고등학교 다닐 때까지 방학에 숙제 한번 받아온 적 없었는데 대학 가서 방학숙제라니'라는 황당한 얼굴을 한 엄마를 바라보며 '엄마 원대로 공부 많이 하니까 좋지?'라는 표정이다. 김나지움 고학년 내내 빈둥거리던 녀석에게 "제발 공부하는 모습 좀 보자"고 잔소리하던 엄마 소원을 풀어주고 있다는 듯 말이다.

독일인들에게 크리스마스는 한국의 설날처럼 큰 명절이기에 아무리 멀리 살아도 대부분 고향으로 돌아가 부모 형제와 함께 보낸다. 그런데 우리 아들과 함께 공부하던 스터디 그룹 친구 중 한 명은 그 당시 겨울 방학에 집에 가지 않고 기숙사에 남아 있다고 했다. 해야 할 공부가 너무 많아 도저히 시간을 낼 수 없는 상황이었던 모양이다.

이 친구는 방학 한 달 전 주말에 학교에서 한 시간 거리에 있는 집에 다녀왔었는데 그 다음부터 도저히 학습 분량을 따라갈 수가 없어 결국은 겨울방학이 될 때까지 헤매고 있었다고 한다. 주말에 풀어야 할 과제와 학습량이 많다 보니 단 한 번의 공백으로 한 달이 넘도록 회복이 힘들었다는 것이다. 결국은 집에 가면 집중이 제대로 안 된다며, 기숙사에 남아 부족한 공부를 하기로 했던 것이다.

멀지 않은 객지에 나가 공부하는 대학생들은 주말에는 집에서 보내는 것이 보통이다. 그런데 우리 아이가 다니는 물리학과는 첫 학기 공부 분량이 너무 많아서 주말에 한 번이라도 쉬면 부족한 공부를 따라가기 힘들 정도라고 한다.

나도 한국에서 대학을 나왔고 남편도 대학을 다녔지만 큰아이가 공부하는 이야기를 듣다 보면 혀를 내두를 때가 한두 번이 아니다. 김나지움에서 적당히 공부하고 개나 소나 합격하는 아비투어에만 합격하면 적당히 들어갈 수 있는 독일 대학, 그러나 대학에 막상 들어가니 한국의 입시 지옥보다 더한 전쟁이다.

공부하기도 바쁘지만 우리 아이가 다니는 대학 물리학과에서는 국제적인 포럼도 자주 개최되어 세계적인 학자들의 강연을 들을 기회가 많다 보니 거기 쫓아다니는 일도 보통이 아니라고 한다. 방학 바로 전에 스티븐 호킹Stephen Hawking 박사의 강의를 들었다며 아빠와 이야기꽃을 피웠다.

'아, 나도 알지, 루게릭병을 앓고 있는 아인슈타인 다음으로 유명한 물리학자.' 그리고… 끝. 스티븐 호킹 박사에 대한 내 상식은 거기서 끝이다. 그런데 남편과 큰아이는 할 말이 많은 모양이다. 부자가 낄낄거리며 물리는 어쩌고저쩌고 쑥덕쑥덕한다. 그때 내가 혀를 차며 한마디 했다.

"이 사람들아, 가서 고장 난 라디오나 좀 고쳐보시지. 물리 잘하면 뭐하나, 당장 눈앞에 있는 기계가 정상적으로 돌아가야지."

그러니 둘 다 한심한 눈을 하고는 한 마디씩 한다.

"그건 전기 기술자가 하는 일이지 물리학자가 하는 일이 아니거든. 에고, 우리 엄마는 무식해서 고민도 없을 것 같아."

그러면서 대학의 물리학과 교수 이야기를 들려준다. 큰아이 물리 이론 교수가 강의 도중에 윗옷에 꽂은 소형 마이크가 고장 나서 어쩔 줄 모르며 한참을 만지작거리더니 한숨을 푹 쉬며 한다는 말이, "휴, 평생 물리 공부하면 뭐하나, 마이크도 하나 못 고치는데…."
내 말이 바로 그 말이다.
김나지움 때보다 자주 들을 수는 없지만 큰아이가 집에 올 때마다 간간히 들려주는 대학 이야기도 흥미롭고 놀라운 부분이 많은 것 같다.

노벨상이
이웃집 개 이름인가?

돈 많이 번다는 학과에 갔으면 하는 엄마의 바람을 뒤로 하고, 아빠의 꼬임에 넘어간 큰아이는 물리학과를 선택했다. 물론 나는 두 남자 사이에서 완전히 속물 취급을 당하고 말았다.

큰아이는 물리학과에 들어가 공부하더니 수학과 물리가 너무 재미있어서 시간 가는 줄 모르겠다며 한동안은 호들갑을 떨기도 했다. 무엇보다 그토록 싫어하던 독일어와 사회 과목 수업이 없으니 공부가 이렇게 재미있는 줄 몰랐단다. 수학이 재미있다는 사람을 전혀 이해 못 하는 엄마를 놀리기라도 하려는 듯 이죽거리곤 한다.

김나지움 13학년 때, 아비투어를 앞두고도 그토록 놀던 아이가 대학에 가더니 공부를 해도 해도 너무 많이 하는 것 같았다. 신학기가 시작하자마자 2주 만에 두꺼운 연습장 두 권을 모두 채웠다고 할 정도니 말이다. 태어나서 연습장 두 권을 2주 만에 다 써보기는 처음이란다. 아마 김나지움 고학년 몇 년 동안 쓴 연습장도 두 권이 채 안 될 것이다.

김나지움 고학년 때는 수업도 드문드문 있고 허구한 날 오전 수업 없다며 늦잠 실컷 자고 게으름을 있는 대로 피우더니만, 대학에 가서는 아침 8시부터 저녁 6시까지 꼬박 강의실에 앉아 있다가 저녁에 집에 가면 과제물이 한 아름이어서, 밤을 꼬박 새울 때도 많다고 한다.

그 바쁜 와중에도 석사 과정 필수인 비즈니스 영어 자격시험에 합격했다고 자랑하는 모습을 보니 참 기특했다. 자격증을 받아서가 아니라, 이제 부모가 없어도 제 할 일은 알아서 하는 것 같아 마음이 놓였기 때문이다. 큰아이가 다니는 대학도 최근 독일 자연과학 대학의 추세대로, 대학원 전 과정 강의가 영어로 진행되기 때문에 대학원 진학을 위해서는 유럽에서 높은 수준으로 인정받는 비즈니스 영어 자격증이 필수라고 한다.

큰아이가 입학한 대학은 독일 대학 어디나 그렇듯 중상위권 정도 성적이면 무난하게 합격할 수 있다. 의대나 자연과학 같은 경우는 세계적으로 유명한 막스 플랑크 연구소Max Planck-Gesellschaft가 있어서 약간 수준이 있는 편이기는 하지만 그래도 한국 명문 대학 진학에 비하면 그리 어렵지 않다.

30년 전 한국에서 내가 대학 입학할 때보다 훨씬 쉽다. 그때도 우리는 '사당오락'이라며 하루 네 시간 자면 붙고 다섯 시간 자면 떨어진다며 협박당했었는데, 우리 아들 같은 입시생은 하루 열 시간도 더 자면서 공부했으니 그러고도 입시가 어렵다고 한다면 양심 불량이다.

뮌헨대학에서도 합격 통지서가 왔지만 등록금이 한 학기에 500유로나 된다고 가지 않았다. 지금은 이 대학도 등록금이 없어졌지만 큰아이 입학할 때까지만 해도 많지는 않지만 등록금이 있었다.

집에서 너무 멀다는 것도 이유 중의 하나였다. 세계 대학 랭킹에 따르면 뮌헨대학이 독일에서 가장 우수한 대학으로 평가받고 있지만 독일 학생들이 대학을 선택하는 기준에 그리 큰 작용을 하는 것은 아니다.

최근에는 정부의 엘리트 대학 육성책에 따라 명문 대학을 중심으로 학생이 몰리는 경향이 있기는 하다. 그러나 그 영향력은 여전히 한국과 비교할 수 없을 정도로 미미하다.

막스 플랑크 연구소는 50년 동안 17명의 노벨상 수상자를 배출한 저력을 자랑하고 있다. 우리 아이도 물리 이론 시간에 노벨상 수상 교수에게 수업을 듣는데 첫 시간에 이렇게 말하더란다.

"요즘 노벨 과학상은 개인이 아닌 팀이 받기 때문에 어느 한 개인의 영광이 아니다. 혼자 노벨상을 받는 시대는 아인슈타인이 마지막이다. 나 개인을 대단하게 생각하지 않는다."

이 말을 듣고 있자니, 노벨상 수상자가 한 명도 없는 나라도 있는데 지나친 겸손이 아닌가 하는 생각도 들었다.

물리학과에 들어가더니 부쩍 노벨상 이야기를 많이 하는 큰아이를 보니 노벨상이 이웃집 개 이름도 아닌데 너무 쉽게 말하는 거 아닌가 하는 생각이 들어 독일이 노벨 물리학상을 몇 개나 받았는지 찾아보았다.

독일은 무려 28명이 개인 혹은 팀의 일원으로 수상해 세계에서 두 번째, 미국 다음으로 많은 물리학상을 받았다.

그나마 이것도 물리학상 숫자고 전체 노벨상 숫자는 어마어마했다. 막연히 많다고만 알고 있었는데 상세히 찾아보았더니 평화 6명, 문학 10명, 화학 30명, 물리 28명, 생물 및 의학 24명, 경제 1명, 무려 99명으로 놀라움 그 자체였다. 물론 과거 독일 교육의 경쟁력이 세계 정상에 있다고 자부할 때는 당연한 결과였을 것이다.

그렇다면 근자에 들어서는 어떨까? 독일에 본격적으로 경쟁 없는 교육의 바람이 불기 시작한 것은 68혁명 이후다. 독일 교육의 경쟁력은 아마도 그때부터 서서히 떨어지기 시작했을 것이다.

1968년 이후 독일은 44년 동안 34명이 노벨상을 수상했다. 노벨상이 물리학상을 시작으로 1901년부터 수여되었으니, 44년 동안 34명이 받았다는 것은 경쟁 없는 교육의 바람이 노벨상 수상에는 전혀 영향을 미치지 않았다는 소리다.

그렇다면 최근 20년 동안은 어떨까? 국제학업성취도평가에서 선진국 중 꼴찌를 했다고 호들갑을 떨던 '공부 못하는 나라 독일'은 1990년부터 지금까지 16명, 2000년 이후에도 9명이 노벨상을 수상했다. 학업 성적이 노벨상과는 전혀 관계가 없다는 사실을 증명해주고 있는 것이다. 참 아이러니한 결과다. 그러나 이 결과가 어떤 의미를 내포하고 있는지는 우리 모두가 알 것이다.

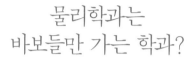

물리학과는
바보들만 가는 학과?

아비투어가 끝난 학생들이 한창 대학 입학 원서를 쓰면서 관심 있는 학과에 대해 알아보기 위해 뛰어다닐 때였다. 우리 아이도 여기저기 기웃거리다가 아헨대학 물리학과를 소개하는 강연회에 다녀왔다.

10학년 때 직업 실습도 물리학과 연구소에서 했기 때문에 이미 이 학과에 대해서는 어느 정도 알고 있었다. 물리는 항상 관심도 많고 재미있어 했기에 본격적으로 전공을 생각했던 것 같다.

큰아이는 원서를 내면서 물리학과뿐 아니라 자연과학 계열 대부분의 학과에 대해 알아보고 입학 설명회에 참여했었다. 그러던 어느 날은 강연회에 다녀와서 아이들 면면을 이야기하는데, 듣고 한참 웃었다.

독일 학생들은 대학 진학에서도 호불호가 분명하기 때문에 학과 선호도에 따라 아이들의 성향도 차이가 많이 난다. 그날 물리학과 강연회에

온 아이들은 어쩌면 그렇게 하나같이 특이하던지 신기할 정도라며 큰아이가 현관문에 들어서자마자 이야기를 쏟아내기 시작했다.

"엄마, 엄마 오늘 입학 설명회에 갔더니 내가 제일 정상인 거 있지."

"뭐? 그게 무슨 소리야?"

"아이들이 다 이상해."

"어떻게 이상한데?"

"그런 거 있잖아. 자기 세계에 빠져서 남을 전혀 의식하지 않는 사람 말이야. 걸음걸이부터 옷 입는 스타일까지 완전히 특이하더라고. 학교 다닐 때는 내가 특별하다고 생각했는데, 오늘 본 아이들은 나보다 훨씬 이상한 거야."

"그런 아이들이 어떻게 물리학을 공부한다는 거니? 머리가 좋아야 하는 거 아냐?"

"오늘 교수님이 그러는데 물리학과 오는 아이들은 수학과 물리는 무지 잘하는데 다른 건 못하는 학생이 많대. 못하는 정도가 중간이 아니라 낙제 수준으로 심각한 아이들도 엄청 많은가봐."

"천재와 바보는 통한다더니 그런 건가? 얘, 그럼 너는 안 되겠다. 그렇게 비정상적인 아이들이 모여 있는 곳에는 그런 사람이 정상이야. 넌 그 학과랑은 안 맞는 거 아니겠어?"

"그게 무슨 소리야. 모처럼 내가 제일 사교적이고 활발한 것 같아 기분 좋았는데. 몇몇 아이들은 내가 먼저 아는 체하고 말 걸었더니 나만 졸졸 따라다니는 거 있지? 대장된 것 같아서 기분 무지 좋던데? 나 정말 물리학과 갈까?"

학교 다닐 때는 생물이 그렇게 재밌다 하고 졸업할 때 수학상 받고는 수학과에 관심 있다고 하더니 강연회에 다녀와서는 또 물리학과에 갈지 물어볼 만큼 큰아이는 자연과학 쪽에 관심이 많았다.

큰아이 이야기를 듣더니 대학에서 물리 교육학을 공부한 아이 아빠는 펄쩍 뛰었다.

"한국은 물리학과 다니는 아이들이 얼마나 똑똑한데 말도 안 돼."

"아빠, 정말이라니까. 그런 거 있잖아 사회성 전혀 없어 보이고 좀 어눌한 사람. 거기 가니까 나처럼 조용한 사람도 완전 돋보이더라니까."

"그런 아이들이 어떻게 물리 공부를 한단 말이야."

"그런데 물리는 신기하게 잘한대. 또 학교 물리 성적은 나빠도 관심은 무지 많다는 거지."

"거참 신기하다."

아이 아빠는 계속 믿기지 않는다는 투였다. 그런데 두 사람 이야기를 듣고 있자니 나는 저절로 고개가 끄덕여졌다. 아들이고 아빠고 둘 다 내가 봐도 그리 사회성 있고 영리해 보이지 않는 건 사실이니까.

그날 강연회에서 교수가 했다는 말이 참 의미심장했다. 돈을 많이 벌고 싶은 사람은 절대 물리학과에 오지 말라고 했단다. 물리학자는 고생고생하며 연구만 하는 사람이지 그 결실을 가지고 돈을 버는 사람은 따로 있다는 것이다. 물리학과뿐 아니라 자연과학 입시 설명회에서는 대부분 이런 소리를 했다.

"애, 그럼 독일에서 돈 버는 학과는 어느 학과라니? 의대도 못 번다고 하더니만."

"경영학과래. 돈 좋아하는 사람은 경제경영학과 가라고 교수들마다 추천하더라고."

"그래? 그래서 경영학과 가는 아이들이 그렇게 똑똑해 보이는 건가? 그럼 너도 경영학과 가는 건 어때?"

"죽어도 싫어!"

한마디로 딱 잘랐다. 우리 아들도 돈 벌기는 틀린 건지, 돈 좋아하는 사람 가라는 학과는 죽어도 싫단다. 돈 좋아하는 이 엄마를 참 많이 아쉽게 했다.

입학 정원
20%만 졸업한다는 물리학과

큰아이가 다니는 대학은 물리학과에서만 400명을 뽑았다. 독일에서 물리학과 정원이 가장 많은 학교다. 학교마다 선발 과정이 약간씩 다른데 이 학교는 아비투어 성적순으로 당락이 결정된다.

독일에서도 가장 인기 없는 학과를 꼽으라면 물리, 화학, 수학 정도를 들 수 있을 것이다. 그런데 인기 없는 이유가 한국처럼 미래에 대한 전망이 없어서는 아닌 것 같다. 현재 독일도 기업이든 연구소든 기초과학 인력이 절대적으로 부족해서 난리고, 취업을 하면 보수 또한 높다.

독일 젊은이들이 가장 취업하고 싶은 직장인 구글이나 BMW, 폴크스바겐 등의 자동차 회사와 어깨를 나란히 하고 순위 경쟁을 하는 기관이 막스 플랑크 연구소와 프라운호퍼 연구소Fraunhofer-Gesellschaft이기도 할 정도로 기초과학 계열 학과의 졸업장은 대접받고 있다. 그런데 왜 인기는 없을까? 이유는 수학이나 물리는 이들에게 너무 어려운 학문이기 때문이란다.

대학에 입학한 후부터 큰아이는 아빠 목소리를 듣고 싶어 난리다. 같이 살 때는 소 닭 보듯 하더니만 날마다 보고 싶단다. 밤 12시가 다 되었는데 갑자기 전화해서 아빠 좀 바꿔달라고 할 때도 많다. 전화 너머는 친구들이 낄낄거리고 있다. 문제를 풀다가 안 되니 아빠에게 도움을 요청하는 것이다.

그런데 대학에서 물리 공부를 한 남편은 말한다.

"어렵긴 뭐가 어려워, 김나지움에서 공부를 안 했으니 그렇지. 너 공부하는 거 보니 여기 대학 1학년에서 배우는 건 한국 고등학교 이과 공부 수준이야. 특히 명문 대학 정도 가는 아이들은 누구든 풀 수 있을 걸. 공부 안 했으니 어려운 건 당연하지."

여기에 내가 또 한마디 하면 남편도 바로 응수한다.

"그런데 우리는 고등학교 수준이 왜 그렇게 높은 거야? 대학 가서 하면 될 걸."

"그러게 말이야."

이처럼 한국과 독일 아이들은 중고등학교에서 공부하는 수준이 다르다. 실컷 놀면서 쉽게 하다가 갑자기 대학에 가서 수준이 높아지니 당황하는 것이다.

큰아이와 친구들은 일주일 내내 함께 밤 12시까지 숙제를 하는 모양이다. 숙제도 점수를 받기 때문에 안 해갈 수가 없단다. 또 교수님이 혼자서는 절대로 풀 수 없으니 그룹 스터디를 하라고 권하기까지 한다며, 몇 명이 매일 머리를 맞대고 씨름하며 한 달 반을 보내니 친구가 아니라 가족처럼 되었다고 한다.

안 하던 공부를 그것도 잠까지 줄여가며 하다 보니 지금 우리 아이 친구들을 비롯해서 물리학과 학생들 거의 감기 몸살을 앓고 있다고 한다. 난생처음 공부다운 공부 좀 한다고 처음엔 자랑을 하더니만 이제 병까지 나서 지칠 대로 지쳐 있다.

그렇게 딱 한 달 지나니 400명 중에 50명이 그만두었다고 한다. 시험에 떨어져서가 아니라 도저히 수업을 따라가지 못하니 스스로 그만둔 것이다. 게다가 선배들은 1학년이 끝나면 50% 정도만 남을 거라고 겁을 주고 있다고 한다.

과연 졸업은 몇 %나 하는지 궁금해서 정확한 자료를 찾아보았더니 물리학과가 인기 없는 학과이기는 해도 입학생은 1975년부터 매년 늘어나고 있었다. 특히 지난 2011년부터는 징병제가 폐지되기도 하고 초중고가 13년에서 12년으로 축소되면서 입학생은 더욱 늘어나서, 2012년 여름 학기에는 그 전해보다 20%가 증가, 3만 8241명이 입학했다. 5년 전에 비해서 50%나 증가했다고 한다.

2011년 겨울 학기에 등록한 학생 중 첫 학기 시험에 응시한 학생은 63%다. 큰아이 말대로 1년 후에는 50% 정도가 남는다. 이렇게 계속 떨어져나가다가 졸업은 20% 정도만 하게 된다.

400명 중에 끝까지 남아 졸업장을 받을 수 있는 학생이 100명도 안 된다는 결론이다. 물론 실제 공부를 해보니 적성에 맞지 않아 성적과 관계없이 스스로 학과를 떠나는 학생들도 많겠지만 실력이 일정 수준에 미치지 못하면 독일 대학은 단 한 명만 남더라도 모두 퇴출시킨다. 대단하지 않은가? 도대체 어디서부터 오는 자신감일까?

가장 중요한 이유는 대학이 졸업장을 파는 장사가 아닌, 학문의 전당이기 때문이다. 물론 이렇게 생각하는 것은 한국도 마찬가지다. 그런데도 한국은 입학이 어렵지 아무리 명문 대학이라도 큰 문제가 없는 한 거의 졸업할 수 있다.

그렇다면 독일 대학 졸업이 힘든 진짜 이유가 뭘까? 바로 독일 대학은 사립이 없기 때문이다. 극소수 외국계 학교를 제외하면 모두 주립이고 무상이다. 등록금도 없는데 실력 없는 학생에게 귀한 세금을 계속 쓸 이유는 없는 것이다. 교수든 학교든 학생이 떠나는 것에 대한 부담이 전혀 없다.

그러니 독일에서는 어떤 학과를 졸업했다고 하면 학교와 상관없이 전공에 대해서는 인정받는다. 일류 대학과 삼류 대학을 구분하지 않고 졸업을 한 학생은 일정 수준에 도달했다고 보는 것이다. 또 어느 대학을 나오든 학사면 학사, 석사면 석사, 그 수준이 비슷하다는 것도 사실이다. 때문에 대학도 초중등학교처럼 자유로운 전학이 가능한 것이다. 중고등학교에서 입시 경쟁으로 진을 모두 빼는 우리와는 참 많이 다르다.

CHAPTER 5

겨우
무상급식?
독일은
대학까지
무상교육!

등록금 없는 대학

독일에서 교육은 국가의 가장 중요한 책무 중 하나다. 개인의 문제가 아니라 이 사회가 함께 연대해서 풀어가고 있는 공동의 과업이다. 때문에 초등학교와 중고등학교뿐만 아니라 대학의 교육까지 국가가 책임진다. 국민이 내는 세금을 이용해 무상으로 대학을 운영하고, 그 대학에서 성장한 인재는 후에 자신이 받은 혜택을 세금으로 다시 사회에 환원해야 한다는 마인드다.

그런데 이러한 독일의 교육에 대한 기본 이념이 몇 년 동안 심하게 흔들리면서 고요하던 대학이 시위와 수업 거부 등으로 바람 잘 날 없이 시끄러웠다. 또한 이로 인해 평소에 정치에 관심 없던 젊은 층이 대거 선거에 참여하여 독일 정치 기류에 변화를 주도하기도 했다.

몇 년 전만 해도 독일 정치계의 핵심 이슈는 대학 등록금 폐지였다. 본래 독일은 대학에 등록금이 없는 나라였으나 심각한 교육 재정 부족으로 지난 2006년부터 등록금 제도가 도입되었다.

그러나 등록금이 도입된 이후부터 폐지될 때까지 하루가 멀다 하고 대학생들은 거리로 쏟아져 나와 "왜 우리 부모가 세금을 버젓이 내고 있는데 등록금을 내야 하는 것이냐"고 외쳐댔다. 세금을 내면 당연히 등록금을 면제받아야 한다는 발상 자체가 독일인이기 때문에 할 수 있는 것이다.

여기에 사회 각계각층에서 끊임없이 주 정부를 압박해 종래에 등록금 제도는 다시 폐지하기에 이른다.

한 학기에 500유로는 한국에 비하면 그리 많은 금액은 아니다. 그러나 학생들에게는 전에 없던 부담이 생긴 것이니 나름 대학이 심각한 위기를 맞았다. 등록금 도입 후부터 없어질 때까지 많은 대학생이 졸업장 없이 상아탑을 떠났으며, 특히 부모에게 전혀 도움받을 수 없는 저소득층 학생들이 대학을 포기하는 경우가 많았다.

등록금 도입에 적극적으로 앞장섰던 보수 진영의 당시 주장은 사회적 불평등이 이유였다. 대학생에게 등록금을 받지 않는 것은 중산층이나 상류층을 위한 혜택이라는 논리다. 본인도 대학에서 교육을 받은 바 없고 자식도 대학에 보내지 않으면서 세금을 내고 있는 저소득층에게는 불평등한 제도이기 때문에 폐지해야 한다는 것이 핵심이었다.

실제로 중산층과 상류층 자녀의 대학 진학률이 높다는 점을 감안하면 등록금 면제가 중산층과 상류층을 위한 특혜라는 주장은 설득력을 얻을 수 있었고 마침내 등록금이 도입되기 시작한 것이다.

그렇게 주마다 약간씩 다른 시기와 다양한 방비책을 내놓으며 등록금 제도를 도입했다. 이때 대부분 주 정부들은 무이자 학자금 대출을 대폭 확대해 누구도 경제적인 이유로 학업을 중단하는 사태가 없게 하겠다고 장담했다.

KfW Kreditanstalt für Wiederaufbau 국가 은행에서 매달 650유로까지 무이자 융자를 받을 수 있게 했으며, 상환 기간도 대학 졸업 후 25년으로 결정 했다. 또한 저소득층은 매달 20유로까지 상환액을 경감할 수 있으며 더 어려운 경우에는 연기도 가능케 했다.

그러나 이렇게 현실적으로 도움을 줄 수 있는 광범위한 방안을 마련 했음에도 독일 대학생들은 등록금 제도를 받아들이지 않았다. 또한 사 회적 불평등을 위해 등록금을 도입한다는 보수 진영의 주장과는 달리 없던 등록금이 생기자 부담이 가중된 저소득층 자녀들의 학업 중단 사 태가 속출했다. 도입 직후부터 바람 잘 날 없이 시끄러웠던 대학 등록 금은 지난 2013년 바이에른과 니더작센 두 개 주를 마지막으로 폐지되 었다.

등록금이 폐지된 결정적인 힘은 선거였다. 등록금 폐지를 강력한 공 약으로 내세우지 못하는 정당은 젊은 유권자들에게 외면당하기 마련이 었고 선거에서 패배할 수밖에 없었다. 그만큼 대학 등록금은 정치와 직 접적으로 연관되어 있는 민감한 문제였다.

현재 독일 대학생들은 학생 카드비 약 130유로만으로 대학생이 받을 수 있는 각종 사회적 혜택을 누릴 수 있고 버스나 근거리 기차 등 공공

교통 요금도 면제받는다. 여기에 생활비도 무이자로 대출받을 수 있다.

등록금 논쟁은 정치적으로 보수와 진보의 대립이었다. 등록금 폐지를 주장하는 사람들은 중도든 극좌든 진보 쪽이다. 독일의 진보와 보수는 한국처럼 겉으로 드러나는 정치 행로에서부터 확연히 차이를 보이지는 않는다. 누가 정권을 잡아도 정치는 큰 변화 없이 진행되기 때문이다.

그러나 이 사회도 그 내면에는 어쩔 수 없이 보수에게는 보수의 논리가, 진보에게는 진보의 논리가 있다. 그러나 이제는 진보든 보수든 등록금 폐지를 주장하지 않으면 정치적으로 무덤을 파는 결과를 초래하는 상황이 되고 말았다.

한국 대학이 등록금을 반값으로 내린다고 해도 500유로였던 독일 대학 등록금은 그 반도 안 될 것이다. 그런데 이들은 그 등록금도 못 내겠다고 거리로 뛰쳐나와 지난 수년간 투쟁했고 끝내는 등록금 없는 대학을 되찾았다. 부당함에 항의하는 학생들의 목소리가 우리 사회에서도 하루 빨리 받아들여질 수 있다면 얼마나 좋을까.

영국 대학 엘리트가
독일로 오는 이유

"영국 엘리트가 독일로 몰려오고 있다."

요즘 독일에서 자주 볼 수 있는 뉴스의 머리기사다. 최근 몇 년 동안 수많은 영국 대학생들이 독일로 유학을 오고 있다. 몰려온다는 표현이 어울릴 정도로 급속도로 증가 일로에 있다.

가장 중요한 배경에는 경제적인 이유가 있다. 학비가 비싼 영국과 달리 독일에서는 무상으로 대학에서 공부를 할 수 있기 때문이다. 독일은 부지런한 사람이라면 부모의 도움 없이도 아르바이트로 스스로 생활비를 해결하며 공부할 수 있는 여건을 충분히 갖추고 있다. 또 독일에서는 마음만 먹으면 영어가 필요한 고급 아르바이트 자리를 찾을 수 있다는 것도 영국 학생들에게는 큰 장점이다.

옥스퍼드University of Oxford나 케임브리지University of Cambridge와 같은 명문 대학을 다니다가 그만두고 독일로 건너온 학생들도 많다. 주목할 만한 것은 이들 중 많은 학생이 졸업을 하고도 독일에 정착하기를 원하고 있다는 사실이다. 독일의 안정적인 경제 덕분에 일자리가 보장되기 때문이다. 이러한 영국 유학생들이 독일 경제에 기여할 일꾼이 될 가능성은 상당히 높다고 한다.

지난 2010년부터 영국 정부는 대학 재정을 대폭 축소하면서 연간 3290파운드의 학비를 9000파운드까지 인상했고, 현재까지도 영국 대학의 평균 등록금은 9000파운드라고 한다. 유로화로 계산하면 1만 2600유로, 원화로는 약 1600만 원이다. 대부분 학비는 무상이고, 한 학기에 학생 카드비 130유로 정도가 전부인 독일 대학의 1년 학비는 260유로인 셈이다. 한 달에 500유로 정도로 학비는 물론 기숙사비에서 생활비까지 해결하고 있는 독일 대학생들에게는 상상도 할 수 없는 엄청난 금액이다.

이처럼 독일 대학이 학비가 없었던 역사는 이미 오래 전부터 시작되었다. 그렇다면 왜 최근에 영국 학생들의 유학이 폭발적으로 늘어난 것일까. 바로 대학의 시스템이 바뀌고 있기 때문이다. 최근 독일은 학사와 석사를 구분하지 않고 석사 수준까지 취득하던 디플롬Diplom 제도에서 한국이나 미국과 같은 학사와 석사 제도로 바뀌었다.

또한 많은 자연과학 학과가 글로벌 인재 양성을 위한 방안의 하나로 석사 과정 전 강의를 영어로 진행한다. 독일 대학 석사 과정인 마스터 Master 650여 개의 학과가 영어로만 강의를 하기 때문에 영국 학생들이 이전보다 더 쉽게 독일 행을 결정할 수 있게 된 것이다.

영국 학생들은 대학에서 공부하는 데 언어에 대한 불편함이 전혀 없을 뿐만 아니라 오히려 독일 학생보다 우위에 있게 된다. 이 또한 최근의 변화여서 영국인 중에는 독일 대학 석사 전 과정이 영어 강의로 이루어지고 있다는 정보를 모르는 이들이 더 많은 상황이다. 이를 감안하면 앞으로 더 많은 영국 유학생들이 몰려들 것으로 추측된다.

이런 변화에 대해 독일은 은근히 반기는 분위기다. 세계 학문의 최선진국이라고 자부하고 있는 영국 엘리트들이 독일로 유입되고 있다는 사실만으로도 고무적인데다가, 부족한 독일 대졸 인력이 영어를 모국어로 하는 영국인들로 채워진다면 독일 산업 발전과 세계화에 금상첨화이기 때문이다.

독일인들은 가끔 "독일어는 점점 지구상에서 사라지는 언어가 되는 것은 아닐까?"라는 말을 농담 삼아 한다. 그런데 최근 대학의 변화를 보면 정말 그렇게 될 수도 있겠다는 생각이 들기도 한다. 노르트라인베스트팔렌 주는 수능시험인 아비투어도 독일어 대신 영어나 프랑스어, 스페인어, 심지어 일본어나 중국어를 선택해서 볼 수 있다.

거기다가 대학에 가서도 영어로 수업을 하게 되니 점점 독일어는 영역이 좁아지는 모양새다. 이런 추세로 간다면 앞으로 10년 후면 독일 대학에 독일인보다 영국인이 많아질 수도 있을 것 같다. 아니, 독일과 영국의 구분이 모호해지는 상황이 올지도 모른다.

자국어에 대한 자부심이 대단히 강한 가까운 이웃나라 프랑스와는 참 많이 다른 모습이다. 미래의 유럽은 과연 어떤 모습일까? 갑자기 궁금해지기 시작한다.

무상급식 없는 나라

부자에게 줄 급식비를 절약해서 학교 식당을 개선하고 최신식 실험실을 갖춘 시설 좋은 학교를 만드는 일에 투자해야 한다는 논리, 당연하면서도 이상적으로 보인다.

그러나 약자의 깊은 상처까지 헤아리는 전면 무상급식 찬성론자와 이들의 주장을 수치로 반박하는 반대론자들의 논쟁을 보면 생각이 달라진다. 결국 인상될 부자의 세금은 걱정하면서 상처받을 어린 영혼에 대해서는 일말의 측은지심조차 없는 컴퓨터가 산출한 수치이기 때문이다.

지난 2011년, 서울시 무상급식은 주민 투표를 통해 엄중한 시민의 심판을 받았고 전면 무상급식을 반대했던 당시의 서울시장이 사퇴하면서 무상급식 시행 쪽으로 일단락되는 듯 했다. 그러나 '선진국도 못하는 무상급식을 우리가 어떻게…'라며 나름의 설득력을 가진 반대론자들은 계속 주장을 이어갔고 최근엔 경상남도가 전면 무상급식을 중단하면서 보편적 복지와 선별적 복지의 논쟁은 여전히 현재 진행형이다.

'선진국도 못하는 무상급식을 우리가 어떻게…'라는 논지는 선진국의 복지 제도와 운영을 편한 데로 해석한 것이다.

독일도 최근 학교 급식이 화두다. 몇 년 전까지만 해도 오전 수업만 했었기 때문에 학생들이 점심을 학교에서 먹지 않았다. 그러나 종일 학교 제도가 도입되면서 급식 문제가 대두하기 시작했다.

현재 중고등학교 과정에서는 일주일 중 이틀 정도 종일반이 시행되고 있고 한 끼에 2~3유로 정도를 내고 급식을 한다. 주의 정책에 따라 약간씩 다르지만 앞으로도 아마 큰 변화가 없는 한 급식비는 개인이 지불하게 될 것이다.

부잣집 아이들이나 가난한 집 아이들이나 똑같은 돈을 내고 같은 밥을 먹는다. 어떤 측면에서는 한국보다 한참을 못한 나라가 바로 독일이다. '독일은 가난한 사람까지 똑같이 급식비를 내야 한다는데, 우리는 가난한 학생에게는 무료로 주자고 하지 않는가? 무엇이 문제인가?'라고도 생각할 수 있다.

어떻게 선진 복지 국가라는 말을 듣고 있는 독일에 이와 같은 일이 있을 수 있을까? 독일은 보편적 복지와 선택적 복지가 혼합된 형태로 운영된다. 그러나 무엇이 보편이고 무엇이 선택인지를 정확히 구분한다는 사실 자체가 아이러니다. 부자든 저소득층이든 관계없이 아이를 가진 전체 독일 국민은 매달 한 아이당 184유로를 지급받고 있다. 셋째 아이는 190유로, 넷째 아이부터는 215유로를 받는다. 이 양육 보조금이 바로 보편적 복지의 형태다. 아이가 대학을 졸업할 때까지니 적지 않은 액수다.

또한 부자나 가난한 사람이나 초등학교부터 대학까지 무상교육이다. 여기에 저소득층이나 생활 보호 대상자들은 생활비부터 교육비까지 모두 포함해 지원받을 수도 있다. 자식이 있는 저소득층은 카리타스Caritas와 같은 종교 단체나 사회사업 단체 등 손 벌릴 곳이 많다.

양육비 명목으로 갖은 혜택은 다 받으면서 아이 급식비를 못 내겠다는 사람은 문제가 다른 곳에 있을 가능성이 많다. 실제로 시에서 받은 양육비는 엉뚱한 곳에 써버리고 아이 밥값이 없다는 뻔뻔한 부모도 있다.

하츠피어Hartz IV라고 하는 생활 보호 대상자들 중에는 자녀 양육비로 나오는 돈을 엉뚱한 곳에 써버리고 학교 급식비조차 내지 못하는 경우도 있다고 한다. 그와 같은 문제를 사전에 예방하기 위해 어떤 시에서는 급식비만큼의 양육비를 부모에게 주는 것이 아니라 학교에 직접 지불하기도 한다.

보편적 복지를 위한 전면 무상급식 시행은 독일과는 반대의 상황인 것 같지만, 찬찬히 짚어보면 시행 방법이 다를 뿐 근본적으로는 같은 경우다. 양육비 지원도 없이 자녀를 키우고 대학도 고액 등록금을 내고 다녀야 하는 한국적 현실에서 전면 무상급식은 전 국민이 누려야 할 당연한 권리다.

청각 장애 대학생 위한
무료 수화 통역사

KBS 〈교실이야기〉 취재진과 함께 일주일 동안 독일 학교의 학교 폭력 프로그램들과 성공 사례를 돌아볼 기회가 있었는데, 이때 우연히 독일의 놀라운 장애인 복지 정책을 알게 되었다. 독일에 산 지 10년을 훌쩍 넘어 강산이 바뀌고, 함께 왔던 세 살배기 큰아이가 대학에 입학할 정도의 세월이 흘렀다.

짧지 않은 이 사회를 경험하는 시간 동안 독일이 선진국이란 사실이 촉수에 다가왔던 때는 장애인에 대한 인식과 정책 들을 알게 되는 순간이었다. 그러나 일반 교육처럼 우리 아이들을 통해 직접 경험할 수 없었던 세계이기에 수박 겉핥기식의 건성으로 볼 뿐이었다. 순간순간 단편적인 경험을 할 때마다 감탄하는 정도였던 것이다.

그러다 학교 폭력 예방 프로젝트에 참여하고 있는 뒤셀도르프Düsseldorf의 청각 장애인 학교를 방문하면서 독일의 장애인 복지 정책을 좀 더 자세히 알 수 있는 기회가 있었다. 이 학교 교장 선생님이 인터뷰 시간에 취재진들에게 학교를 소개하며 들려준 이야기 중에 내가 알지 못했던 새로운 정보를 듣게 되었다.

"우리 학교 학생들은 청각 장애인이지만 본인만 원하면 일반 대학에도 얼마든지 진학할 수 있고 실제로 그런 사례가 많습니다."
"그게 정말인가요? 청각 장애인이 어떻게 일반 학생들과 함께 강의를 들을 수 있죠?"

의아한 얼굴로 묻사 교장 선생님은 웃으며 대답했다.

"시 교육청에 신청하면 수화 통역사가 강의 시간마다 대동해줄 수 있어요."
"뭐라고요? 단 한 명의 대학생을 위해서 그게 가능하다는 말인가요?"
"네, 물론이죠."
"정말이요? 단 한 명을 위해서?"
"네, 단 한 명이라도 신청을 하면 통역사가 나옵니다."
"믿어지지 않아요. 정말 대단하네요."

도저히 믿어지지 않아서 여러 번을 되물었다.
당시 이 학교에는 청각 장애 교사도 한 분 계셨는데 그를 위해 교사회의나 수업 시간마다 수화 통역사가 매일 출근했다.

매번 재확인하곤 하지만 독일의 저력은 부자들의 사치스러운 삶에서 느껴지는 것이 아니다. 독일에 오기 전에는 선진국에 사는 사람들은 잘 먹고 잘 살고 잘 벌고 갖은 고급스러운 문화 혜택을 누리며 산다고 생각했었다.

그러나 알면 알아갈수록 평범한 사람들이 사는 모습은 한국과 그리 다르지 않다. 경제적인 여유보다는 마음의 여유가 다를 뿐 먹고 사는 모습은 비슷하다. 약간 다른 것이 있다면 이들은 먹는 것보다는 휴가와 여가 활동에 시간과 돈을 더 많이 투자 한다는 정도다. 그 밖에는 오히려 무거운 세금 때문에 같은 일을 하면서도 우리보다 더 빠듯하게 사는 사람들이 많아 보인다.

하지만 소외 계층이 누리는 혜택을 보면 놀라울 때가 한두 번이 아니다. 가난한 이들과 장애인, 노인 들이 어떻게 보호받고 사는지 볼 때마다 선진국의 의미를 다시 한번 생각해보게 된다.

학교만 해도 허름한 건물이 허다하다. 오래된 낙서며 벗겨진 칠이며, 외형만 보면 슬럼가의 텅 빈 건물처럼 흉물스러워 보이는 곳이 적지 않다. 그러나 그 안에서 이루어지는 교육은 겉모습과는 다르다.

시민 단체가
'블루칼라' 자녀 대입 멘토링

독일에는 '노동자 자녀Arbeiterkind'라는 전국적인 네트워크의 시민 단체가 있다. 이름만 보면 얼핏 이념적인 사회단체가 떠오르기도 하겠지만 이와는 전혀 다른 목적을 추구하는 조직이다. 소위 '블루칼라blue collar' 노동자 자녀들의 대학 진학을 도와 용기와 기회를 주려는 목적의 자원봉사 멘토링 네트워크다.

선진국이든 후진국이든 학력 세습은 해결하기 쉽지 않은 과제다. 독일 학생 서비스 기관인 도이체스 스투덴텐베어크Deutsches Studentenwerk의 최근 조사에 의하면 대졸자인 아카데미커Akademiker 부모 가정에서 자란 100명의 청소년 중 77명이 대학에 진학하는 데 비해, 대부분 중고교 졸업자인 블루칼라 부모 가정에서 성장한 자녀는 23명만이 진학하여, 뚜렷한 학력 세습 현상이 나타났다.

독일의 경우 이런 결과가 비단 경제적인 격차 때문만은 아니라는 것이 문제다. 대학 등록금이 없는 독일에서 대학에 가는 데 필요한 비용은 식비와 기숙사비, 이 밖에 교통비가 포함된 백 몇 십 유로 상당의 학생 카드비가 전부다. 입시를 위한 사교육비도 필요하지 않다. 때문에 경제적인 여건을 무시할 수 없다고 해도 부모의 경제적 부가 학력 세습에 절대적인 영향을 미친다고 볼 수는 없다.

독일 사회 학력 세습의 가장 큰 이유는 블루칼라 부모는 아카데미커 부모처럼 대학의 중요성에 대해 자식에게 설명해줄 수도 없고 본보기가 될 수도 없다는 데 있다고 한다.

심지어 어떤 부모는 대학이라는 경험해본 적 없는 세계에 자식을 보낸다는 것에 상당한 두려움을 갖기도 한다. 자신도 모르는 대학 사회를 아이에게 어떻게 설명해야 할지, 또는 졸업 후 취업은 어떤 방향으로 하게 되는지 아는 바가 없기 때문이다. 이런 이유로 대학보다는 직업교육을 권하는 부모도 적지 않다고 한다.

'노동자 자녀' 네트워크가 바로 이런 가정의 청소년들에게 부모나 가족이 해줄 수 없는 부분들을 대신한다. 네트워크는 지난 2008년 사이트를 개설하며 시작됐다.

사이트를 개설한 카티아 우어바치Katja Urbatsch는 가족 중 대학을 다닌 사람이 아무도 없는 환경에서 스스로의 선택으로 어렵게 대학에 발을 들여놨지만 모든 것을 혼자 결정해야 했기 때문에 적지 않은 어려움에 직면하곤 했다.

이런 경험을 바탕으로 그는 자신과 같은 선택을 할 청소년들의 멘토 역을 자처했고, 이를 위해 인터넷 포털 사이트를 만들었다. 사이트를 통해 그는 진로 상담과 장학금 안내 등 대학 진학을 위한 구체적인 도움을 주기 시작했다.

한 사람의 경험에서 시작된 '노동자 자녀'는 지난 7년 동안 전 독일 사회에 들불처럼 퍼져나갔다. 현재 베를린, 하이델베르크, 프랑크푸르트, 뮌헨 등 큰 도시는 물론 중소 도시까지 독일 전역 70여 개 지역에서 5000여 명의 멘토가 활동하고 있다.

멘토들은 블루칼라 가정의 청소년에게 가장 먼저 왜 대학을 가려는지 묻는다. 이를 통해 젊은 시절을 대학에 투자하는 것이 자신의 인생에 얼마나 가치 있는 일인지에 대해 진지하게 고민해보도록 하는 것이다.

대학의 중요성에 대한 근본적인 질문과 함께 전공은 어떻게 결정할 것인지, 대학 진학 시 재정적인 문제는 어떻게 해결할 것인지, 부모의 도움 없이도 수학할 수 있는 방법은 무엇인지를 알려준다. 또 무이자 융자를 누구든 충분히 받을 수 있다는 사실과 각종 장학금에 관한 정보도 충분히 제공한다.

멘토들은 입학과 관련된 정보 외에도 공부 방법, 해외 교환 학생 신청 절차, 실습의 필요성, 실습 기관 선택 및 신청 방법, 실습 점수 관리, 시험 준비, 졸업 후 진로 설정 등 구체적인 사안부터 거시적인 방향성까지 함께 고민하고 조언한다.

의식 있는 한 개인의 작은 시작이 독일 전체로 확산되어 이 사회의 소외 계층에 큰 힘이 되어주고 있다. 대학에 진학하고 싶지만 가정에서 롤모델을 찾지 못한 청소년들에게 도움과 용기를 주는 이와 같은 일은 계층의 벽을 허무는 데 큰 역할을 하게 될 것이며 미래 사회를 밝히기 위한 등불 같은 존재감을 갖게 될 것이다.

한국 교육을 향한
간절한 기도

박사도 아니고 교수도 아니고, 교육자도 아닌, 그저 독일에서 두 아이를 키우고 있는 한갓 아낙네가 한국 교육을 바꿔보겠노라며 다소 건방지고 무모한 도전으로 시작했던 것 같다. 독일 교육 이야기는 어쩌면 내 잃어버린 청소년기에 대한 안타까움 때문이었는지도 모른다.

운이 나빴다면 무모함으로 끝날 수도 있었지만, 독일 교육 이야기는 다행히 한국 교육계에 신선한 자극을 주었다는 평을 받을 수 있었고, 교육자들 사이에 적잖이 회자되었다. 또한 나의 간절함이 하늘에 닿은 것인지, 아니면 나만의 착각인지, 한국 교육도 조금씩이지만 변하기 위해 노력하는 모습이 보인다.

그리고 변화의 내용이 많은 부분 독일 교육과 맥을 같이 하는 것 같아 한편으로는 다행스럽기도 하고 한편으로는 걱정도 된다. 독일 교육에 관한 경험이나 지식이 없는 정책 입안자들이 검증도 없이 무조건 제도부터 받아들이고 보자는 식으로 일을 벌인다고 느낄 때가 가끔 있기 때문이다. 그럴 듯한 이름에 현혹되어 결과적으로 불가능할 수밖에 없는 것들에 시간과 돈을 낭비하고 있는 것 같아 안타깝다.

또 독일 교육에 관한 강연을 인터넷을 통해 우연히 듣거나 글을 읽을 때가 있는데 강연이나 글들이 우습게도 나의 전작인 『꼴찌도 행복한 교실』과 『독일 교육 이야기』를 출처에 대한 언급도 없이 그대로 전하고 있을 때가 많았다. 출처를 밝히든 침묵을 하든 그것은 개인의 윤리에 관한 문제이니, 많은 사람에게 독일 교육 이야기가 알려지는 것 자체는 반가운 일이라고 생각한다.

그러나 문제는 전달하는 사람들이 독일 교육에 대한 기본적인 이해도 없이 문구에만 얽매여 절대 진리인양 확언한다는 것이다. 짧은 지면에 모든 것을 담아낼 수 없기에 축소했던 배경 설명이며 행간에 담겨진 의미들이 잘못 해석되고 있다고 느낄 때가 종종 있었다. 무엇보다 우려되는 것은 내 책이나 글들의 진위보다는 자신이 보고자 하는 부분만을 침소봉대할 때다. 그럴 때면 내가 독일 교육 이야기라는 주제로 한국 사회에 던진 화두와는 다른 맥락으로 전달되는 것 같아 씁쓸했다.

내가 한국 교육에 희망을 갖게 되는 이유는 교육열에 불타는 학부모들도, 열심히 공부하는 학생들 때문도 아니다. 오로지 묵묵히 현장을 지키는 의식 있는 선생님들 때문이다. 아무리 교직 사회가 어쩌고저쩌고 해도 한국만큼 소신 있는 교사가 많은 나라는 별로 없는 것 같다. 그들을 통해 한국 교육의 미래가 밝다는 것을 거듭 확신한다. 또한 미력하나마 언제라도 힘이 되어주고 싶다. 그들이 꿈꾸는 교육이 언젠가는 이루어지리라고 믿는다.

이 책이 나의 전작들처럼 독일 전문가라는 사람들의 강연 소재로 쓰여도 좋다. 그러나 내가 책을 쓰는 동안 간절히 기도했던 것들이 제발 곡해되지 않길 바란다. 글의 진위가 바뀌지 않고 제대로 전달되었으면 좋겠다. 또 이제부터라도 저자에 대한 최소한의 예의는 지켜지길 바라는 마음이다.

KI신서 6132
독일 교육 두 번째 이야기

1판 1쇄 발행 2015년 7월 30일
1판 4쇄 발행 2020년 6월 22일

지은이 박성숙(무터킨더)
펴낸이 김영곤 **펴낸곳** (주)북이십일 21세기북스
출판사업본부장 정지은
영업본부 이사 안형태 **영업본부 본부장** 한충희
출판영업팀 김수현 오서영 최명열
제작팀 이영민 권경민

출판등록 2000년 5월 6일 제406-2003-061호
주소 (10881) 경기도 파주시 회동길 201(문발동)
대표전화 031-955-2100 **팩스** 031-955-2151 **이메일** book21@book21.co.kr

(주)북이십일 경계를 허무는 콘텐츠 리더

21세기북스 채널에서 도서 정보와 다양한 영상자료, 이벤트를 만나세요!
페이스북 facebook.com/jiinpill21   포스트 post.naver.com/21c_editors
인스타그램 instagram.com/jiinpill21   홈페이지 www.book21.com
유튜브 www.youtube.com/book21pub